Prevention of Power Harassment
& Realization of Health Management

パワハラをなくす教科書

「健康経営」を実現する基本と原則

和田隆
Wada Takashi

方丈社

はじめに

パワハラ＝パワーハラスメントが、身近な社会問題として大きな注目を集めています。過重労働と上司からの暴言に苦しみ、自ら死を選んだ新入社員の苦しみ。足を蹴ったり、プロレス技をかけるなどの暴力が常態化していた役所の異常さ。自分の意に沿わない選手を孤立させたり、選手に不当行為を強要する名物監督の傲慢。こうしたニュースを見るたびに、驚きと憤りを感じるのではないでしょうか。

同じハラスメントでも、セクシュアルハラスメントがない職場はあります。しかし、パワハラは程度の差はあれ、指示命令系統のある組織では起こりうるものです。指示命令系統のない組織は存在しませんので、ほぼすべての組織にパワハラ問題が起こる可能性があります。

パワハラは重大な人権侵害です。その被害者は心身の不調からうつ病を発症することもあり、自殺につながるケースもあります。パワハラのある職場の環境がよいはずはなく生産性は必ず低下しますし、問題が公になれば、ブラック企業の烙印を押されかねず、会社の名にも傷がつきます。

「パワハラをしてはいけない！」と会社の経営トップや総務人事は言います。それはリスクマネジメントやコンプライアンスの観点からも、まったくもって正しいことです。しかし、残念ながら、現場の指揮をとる課長や部長だけにパワハラ行為を厳しく禁じたところで、問題の本質的な解決にはなりません。

私はメンタルヘルスとハラスメントの専門家として、多くの企業に伺い、セミナーや講演、カウンセリングを行ってきました。パワハラ行為者の再発防止のセッションにもかかわらせていただいています。

「パワハラをしてやろう！」という悪意を持って、部下にいじめや嫌がらせをする上司はほとんどいません。厳しい環境の中で、上から「とにかく成果を上げろ」と言われ、部下を指導する。しかし、部下は自分が望むような行動をまったくとってくれず、成果もあがらない。そんなギリギリの状況のもと、とにかくなんとかしなくてはと指導をしていると、いつしか行き過ぎてしまい、「それ、パワハラです！」と言われてしまう。

あとになって、処分を受けて自分のしたことはパワハラ行為だったと認めても、そのときは、「自分がパワハラをしている」という認識はないわけです。

入り口はパワハラではないのです。確かに行き過ぎた行為をしてしまったかもしれない。しかし、でも、結果を出すことが至上命題とされる中で、部長や課長はどうすればよかったのか？

部長や課長がパワハラ行為をするまでに追いこんだのは、戦略なき経営陣ではないのか？　上司の指示に従わない部下側の言動がパワハラを誘発しているのではないのか？

パワハラは関係性の中で起きる問題です。パワハラは個人の問題であるのと同時に、コミュニケーションの問題であり、マネジメントの問題であり、組織の問題なのです。こうした複雑に絡んだ問題をひも解くことなく、パワハラかどうかの事実認定にばかり焦点を当てて、どちらが正しい・どちらが悪いと決着をつけても本質的な問題解決には決してたどり着けません。

どこからどこまでがパワハラ行為なのか、その線引きをして、禁止行為がなされなかったら、確かに職場からパワハラはなくなるかもしれません。しかし、そこに、パワハラ未満の不快な行為がいっぱいあったらどうでしょうか？　3つのパワハラ行為がなくなっても、不快行為が10増えていたら、そこはとても働きにくい職場です。

「元気に働きたい」
「能力を発揮したい」
「成果を上げたい」
「成長したい」

これらは立場に関係なく、働く人すべての願いであり、組織が目指すところでもあります。実はパワハラ問題を本質的に解決しようとする取り組みは、この理想の実現へとつながっていくものです。

パワハラの原因に人間関係のもつれがあるのであれば、コミュニケーションを改善していく。指導方法が問題だったのであれば、マネジメントを改めていく。「パワハラをしない」というネガティブなアプローチではなく、「個人と組織の力を上げていく」という前向きな取り組みによって、働きやすい職場、パワハラのない組織へと生まれ変わることができます。

本書の目的のひとつは、「パワハラ」について理解していただき、パワハラをしない意識を獲得してもらうことにあります。しかし、これがゴールではありません。

部下の自尊心を傷つけるパワハラ行為に注意を払うということは、部下の自尊心を満たすような関わりを持つということでもあります。本書後半でご紹介する「部下を動機付ける技術」を実践へとつなげ、部下が自ら目標に向かって行動を起こし、達成するまでをサポートする上司になっていただきたいと思っています。

目指すのは、「命令する上司」から「動機付ける上司」へ。

本書が、部下への指導で悩む管理職のみなさんが抱えている問題を解決するヒントとして、お役立ていただければうれしく思います。

【目　次】

3章 ストレスとパワハラの関係

6章　部下を動機付ける上司となるために

7章　パワハラに対処する3つのステップ

1章

「パワハラ」とは何か

パワーハラスメント（Power Harassment）は、パワー（優位性）とハラスメント（嫌がらせ）という言葉の組み合わせで作られた造語です。民間のコンサルティング会社が考え、２００２年頃からこの言葉が世間に広がり始めました。

時代は平成不況の真っただ中。業績不振に喘ぐ企業は、人員削減に乗り出しました。しかし、解雇に対する規制が強い日本では簡単にはクビにはできません。そこで、重要性のない単純作業を延々と命じたり、あるいは、到底達成できない目標を与えて能力不足を責めるといったいじめや嫌がらせをして自ら辞表を提出させようと追いこみました。

「パワハラ」という言葉が生まれた時点では、主に企業が従業員を自己都合退職に追い込む場面で使われてきた言葉でした。それが今や、ある目的を達成するためだけでなく、上司からのミスの注意や叱責、仕事への過剰な要求、対人関係問題など、職場の日常的なさまざまな問題を表す言葉になりました。

職場の中で起こる問題の多くが、「パワハラ」という一言に吸収され、抽象化されています。「パワハラをしてはいけない」と言われても、具体的にどういう行為がパワハラなのか、どこからがパワハラになるのかがわからないのは、この言葉にあらゆることが詰め込まれているからです。パワハラ防止のためには、まずパワハラを正しく理解することが重要です。まずは「パワハラ」の誕生と現在の状況を整理していきましょう。

労働問題と言えばパワハラの時代に

２００２年頃から、パワハラという言葉が普及していきますが、２００７年の裁判でパワハラが組織にとって重大なリスクとなる判決が出ました。このとき、初めてパワハラが労働災害として認定されたのです。

【S労基署長事件　2007年7月 東京地裁】

パワハラによる自殺を労災と認定した初めての判決。

東京地裁は、S営業所に勤務していた営業担当社員（当時35歳）が２００３年3月に自殺したのは、勤務先の上司の暴言やいじめなどをパワーハラスメントによるものとし「労働災害」と認定、S労働基準監督署に対して遺族補償給付の不支給処分の取り消しを命じた。男性の残した遺書に記された、「存在が目障りだ、いるだけでみんな迷惑している。お前のカミさんも気がしれん。お願いだから消えてくれ」「車のガソリン代がもったいない」「どこに飛ばされようと俺はお前は仕事をしないやつだと言いふらしたる」「お前は会社を食い物にしている、給料泥棒」「肩にフケがベターと付いている。お前病気と違うか」などの暴言と自殺との因果関係を認めた。

現在であれば、パワハラが原因でうつ病などの精神疾患を発症した場合、労働基準監督署に労災の請求をあげ、労基署は労災の判断要件を満たせば、労働災害補償の支給決定を認めます。労災の支給が決まれば、医療費の自己負担はなくなりますし、休業補償給付(給付基礎日額の60％)と休業特別支給金(給付基礎日額の20％)が支給されますので、経済的な不安なく治療に専念できます。労災が認められるメリットは小さくありません。

しかし、この判決が出るまで、パワハラは労災として認められていませんでした。うつ病の原因がパワハラにあることが明らかでも、労基署は「NO」という判断をせざるを得なかった。なぜなら、労規署の労災の評価項目に「パワハラ」に該当する項目がなかったからです。

このS労基署長事件で遺族が訴えたのは会社ではなく、労災を認めないS労働基準監督署とその署長でした。そして、司法側が、労働災害であることを認めるべきだという判決

を出したのです

しかし、先例となる判例が出ても依然、労基署の評価項目にパワハラに該当する項目はなく、労災を申請しても認められませんでした。そのため、パワハラに苦しむ人は労基署と署長を訴え、そして勝訴していきます。

労基署と署長が訴えられ、そして負けるという事案が続いたため、２００９年、労基署は、「いじめ・嫌がらせ、暴行を受けた」という、パワハラの項目を新規項目として追加したのです。しかも、認定基準の「業務による心理的負荷の評価」で、もっとも負荷の高い「レベル３」にパワハラを入れたのです。これは、労基署からの「パワハラは許さない」という明確な意思表示でした。

こうして、パワーハラスメントは企業にとって労働災害リスクに変わりました。労災リスクが高いということは訴訟リスクも高いということです。それまでは、業績を上げるため、部下のやる気を出させるため、叱責や怒号なども許容していたところがあったと思いますが、そうした発想がそもそも許されなくなったのです。

2012年には、都道府県労働局、各労働基準監督署内、駅近隣の建物などに設置されている「総合労働相談コーナー」に寄せられる民事上の個別労働紛争の相談件数で、パワハラが5万件を超えてトップになります。このニュースは多くの新聞が1面トップで報じて大きなニュースになりました。

私自身、その日は、急遽パワハラに関する取材がいくつか入り、ラジオ番組でリスナーからのパワハラ相談を受けるなど、反響の大きさを肌で感じたのを覚えています。それまで職場のハラスメントといえば、どちらかといえば、セクハラをイメージする人が多かったと思いますが、ここにパワーハラスメントの存在がセクシュアルハラスメントに並び立ち、職場の2大ハラスメントと呼ばれるようになったのです。

それまで労働相談のトップは「解雇」で、続いて「労働条件の引き下げ」や「退職勧奨」という労働相談が上位3位となっていました。しかし、これらは現在、相談件数が減っています。それは、労働条件の引き下げや退職勧奨（退職強要も含む）などの問題を抱えていると、すぐに「ブラック企業」のレッテルを貼られてしまうからです。

問題を抱えているとインターネットに書き込まれますし、うわさはあっという間に広が

変化の時代に現れたパワハラ

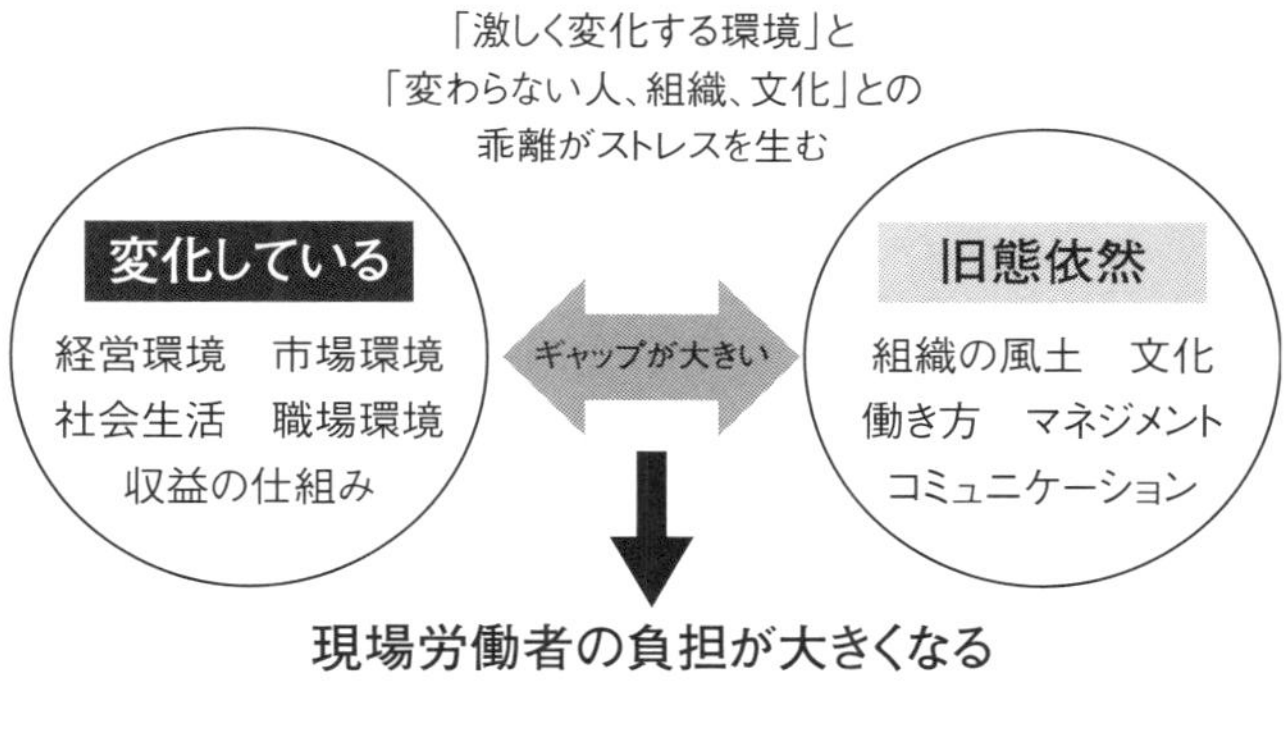

労働問題「民事上の個別労働紛争相談件数」

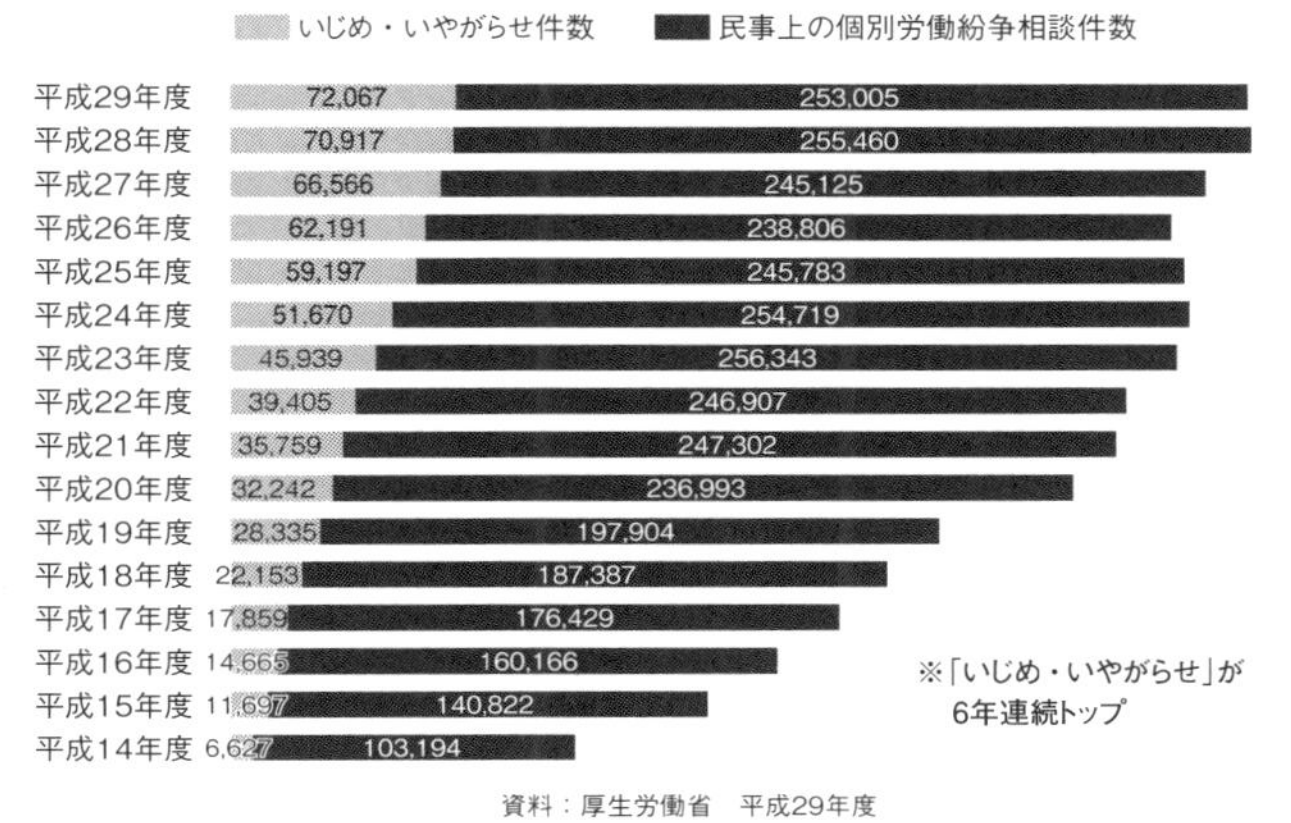

資料：厚生労働省　平成29年度

ります。ブラック企業という不名誉な認定をされると、いい人材はほとんど入ってきません。私は大学で授業も行っていますが、学生はブラック企業には入りたくないと言います。実際にはブラック企業でなかったとしても、ブラック企業とうわさされるだけでも不安を感じ、避けてしまうほどです。

現在、組織も経営者も人事も、労働法を遵守するという明確な姿勢を打ち出すようになり、過去に上位を占めていた労働相談の相談件数は減少しているのです。

過去の労働問題をパワハラが抜き、これに変わる労働問題はない、とも思えるほどに、他を引き離しています。今や労働問題と言えば「パワハラ」、そんな時代になっているのです。

それは、他のさまざまなデータも示しています。厚生労働省によるパワハラに関する全国調査で、「あなたはパワハラを受けたことがありますか?」という質問に、「はい」と答えた人は2012年で25・3%。4年後の2016年には、32・5%に上りました。約3人に一人がパワハラ被害を受けているということになります。

さらに、2017年、民事上の個別労働紛争相談件数は、いじめや嫌がらせが7万20

６７件。

２０１７年度の精神障害の労災について、請求件数も決定件数も支給決定件数もいずれも過去最多を記録しました。その請求件数１７３２件のうち、労災が支給された５０６件の内訳を見ると「嫌がらせ、いじめ、または暴行を受けた」というパワハラ行為がもっとも多く88件に上ります。

さらに、８位には「上司とのトラブル」という出来事が入っていて、これにもパワハラ行為が含まれている可能性があります。ベスト10を見ると、対人関係上の問題か過重労働、配置転換などの変化という３つにほぼ集約できます。


パワハラ被害が増加しているのは明らかです。しかし、職場のいじめや嫌がらせ、暴力行為が単純に増加しているのではなく、パワハラという言葉が広がり、それを問題だと認識する人が増えたことも一因だと考えられます。

セクハラも同様で、セクハラという行為が問題であることは誰もが理解しているのに、アンケートを行うと被害者はまったく減っていません。しかし、セクハラ処分の厳格さは浸透しているため、行為自体は減っているはずです。それでも被害者が減らないのは、行

精神障害の労災請求・決定件数等の推移

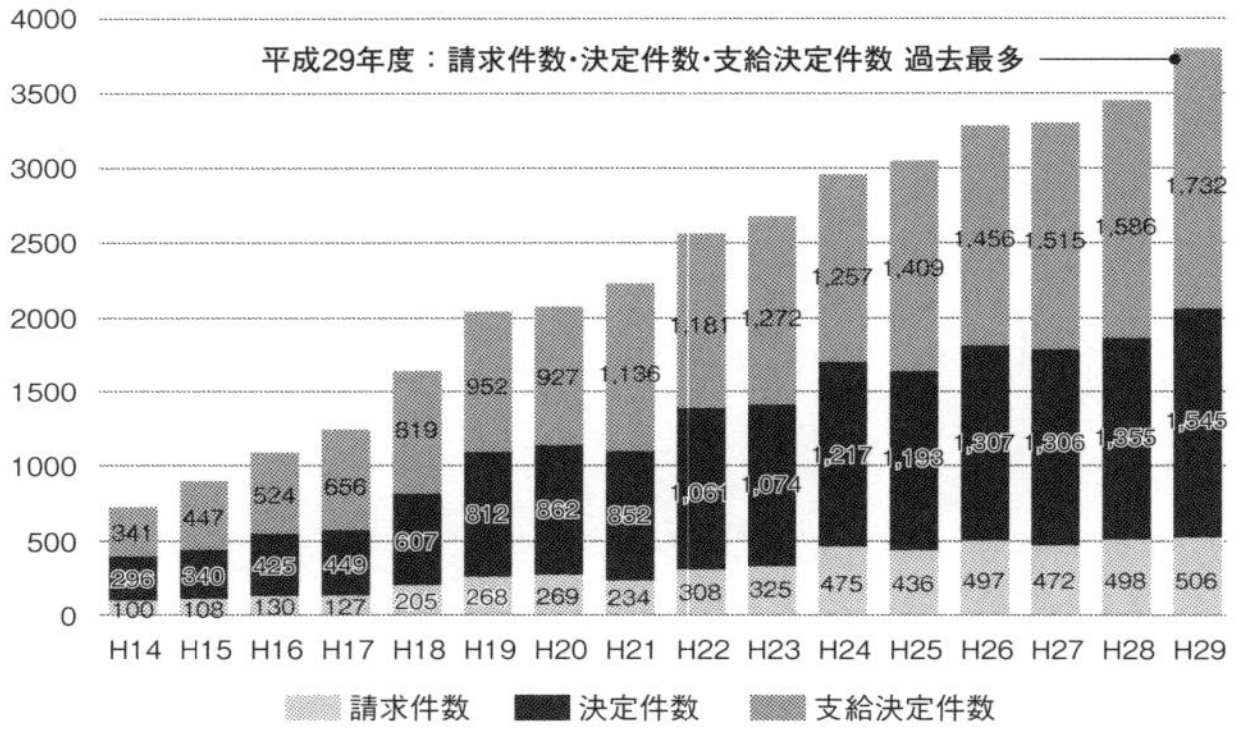

出典：厚生労働省　平成29年度「脳・心臓疾患と精神障害の労災補償状況」

平成29年度 出来事別の支給決定件数（506件）

順位	出来事	件数	増減	前年
1	（ひどい）嫌がらせ、いじめ、または暴行を受けた	88	↑	74
2	仕事内容・仕事量の（大きな）変化を生じさせる出来事があった	64	↑	63
3	悲惨な事故や災害の体験、目撃をした	63	↑	53
4	2週間以上にわたって連続勤務を行った	48	↑	47
5	1か月に80時間以上の時間外労働を行った	41	↑	39
6	セクシュアルハラスメントを受けた	35	↑	29
7	（重度の）病気やケガをした	26	↓	42
8	上司とのトラブルがあった	22	↓	24
9	配置転換があった	11	↓	14
10	会社の経営に影響するなどの重大な仕事上のミスをした	8	→	8

※上記順位には、「特別な出来事（63件）は含まず。

出典：厚生労働省　平成29年度「脳・心臓疾患と精神障害の労災補償状況」

為者のセクハラに対する認識の甘さに加え、被害者がこれまで「仕方ない」と沈黙をしていたことに対して、「セクハラです」と声を出せるようになってきたからです。

被害数の増加は、問題だと認識している人が増えたということでもあり、むしろ、職場が健全な方向へと進んでいるとも考えられます。パワハラの被害数は、この先も増え続ける可能性はありますが、それは問題意識の高まりでもあるのです。

判例から見るパワハラの法的認定

これだけパワハラの被害者が増え、問題となっているのに、いまだパワハラを規制する直接の法律はありません。セクハラやマタニティハラスメント（マタハラ）などについては、男女雇用機会均等法や育児・介護休業法の中で企業に必要な措置を義務づけています。

セクハラやマタハラよりも圧倒的に問題が多いパワハラになぜ、法律がないのか。それは、とにもかくにも、パワハラのわかりにくさのためです。

セクハラは明確です。職場において「いい性的な言動」「悪い性的な言動」というのはありません。性的言動はすべていけないですし、業務との関連性もないため、セクハラ行為の線引きがしやすいのです。

しかし、パワハラはその線引きが簡単にできません。2章で詳しくお話しますが、パワハラ行為かどうかは、「本来業務の適正な範囲」かどうかが基準となります。

例えば、合理性、必要性があって退職を勧めるのは、「本来業務の適正な範囲」内です。しかし、退職を強要するのは「本来業務の適正な範囲外」でパワハラとなります。

不当な配置転換は職権濫用ですが、定期的な人事異動というのは問題になりません。「本来業務の適正な範囲」がどこからどこまでなのか、そのラインが明確に引けないのです。

そのため、法制化の遅れを司法側で決着をつけるという状態が続いています。

例えば、飲酒強要が単なる迷惑行為ではなく、違法性のあるパワハラと認定したのは、2013年2月に東京高裁が出した判決でした。

【W社　2013年2月　東京高裁】

飲酒強要・運転強要などのパワハラを受けたとして、W社の元社員が同社と元上司に損害賠償などを求めた訴訟の控訴審判決で、東京高裁は飲酒強要などを不法行為と認定し、150万円の支払いを命じた。裁判長は、アルコールに弱い体質の元部下が少量の酒を飲んだだけで嘔吐しているのに、元上司が「酒は吐けば飲めるんだ」と言って執拗に酒を強要したと認定。「単なる迷惑行為にとどまらず不法行為にあたる」と判断した。

飲酒強要はアルコールハラスメントと呼ばれる、ハラスメント行為です。それを上司が行うと、パワハラになるのです。

この裁判では、上司が部下に対し、体調不良のときに無理矢理運転をさせたり、深夜に留守番電話に「ぶっ殺すぞ」などと恫喝メッセージを残したり、さまざまなパワハラと思われる行為も明らかになりました。こうした上司の行為は「明らかに行き過ぎだよね」「部下がかわいそう」と誰もが感じると思います。しかし実は、部下の日頃の勤務態度は悪く、問題行動も数多くあったそうです。

改めて、こう聞くと、「上司も悪いが、部下も悪い」と思うのではないでしょうか。しかし、部下側にどれだけの問題行動があっても、一線を超えたら、ハラスメントを行った側に全面的に否があるとされるのです。不当行為は、どんな背景があり、どう理屈で説明されても正当化されないということもこの判決が教えてくれます。
もうひとつ、ご紹介したい判例は、直接の被害者だけでなく、周囲への間接被害も認められ、話題になったものです。

【F社　2017年10月 東京高裁】

直接パワハラを受けていなくても、間接被害を認める判決。

F社に勤めていた女性4人は2013年4月、代表取締役から「50代は性格も考え方も変わらない」「50代は転勤願いを出せ」などと言われた。4人のうち係長2人は「辞めてもいいぞ」などと繰り返し言われ、4人とも退職した。代表取締役に直接嫌がらせを受けたのは係長2人だったか、裁判長は残る2人も「職場で見聞きし、間接的に退職を強いられた」と退職強要を認め、会社と代表取締役に計約660万円の支払いを命じた。

代表取締役から退職を迫るような暴言を向けられたのは、50代の女性2人でした。しかし、被害者と同世代の他の社員も「私たちに向けて言っている」と感じ、退職という選択を余儀なくされた。

代表取締役がどこまで意図的に言っていたのかは記事だけでは判断できませんが、弁護士は「見せしめ的なパワハラが周囲に与える影響も認めた意義ある判決」とコメントを出しています。パワハラは個人を傷つけるだけでなく職場環境全体を悪化させるものである。裁判官のメッセージはそこにあるのではないかと思います。

パワハラを直接規制する法律はないものの、こうした判例が重なり、パワハラは絶対にしてはいけない行為だという認識が広がっていきます。司法側が強力にブレーキを踏み続け、社会へ強いメッセージを送っているのです。

もちろん、所管する厚労省もパワハラに対しては強い問題意識はもっていて、ワーキング・グループ（職場のいじめ・嫌がらせ問題に関する円卓会議ワーキング・グループ）を設置して法制化を視野に入れた議論が続けられています。

極めて近い将来、パワハラのガイドラインが作られるでしょう。

ストレス社会に生まれたパワハラ

パワハラという言葉は平成不況時――2002年頃に世間に広がり始めたと言いました。しかし、実はその前に大きな転換点があったと考えています。それは、「1998年」です。

この年、日本国内の年間自殺者が初めて3万人を超えたことが発表されました。以降、2011年までの14年間、年間自殺者は3万人を超え続けました。16分に1人が自ら命を断つという時代が続いたのです。

1997年に消費税が5%に引き上げられ、デフレの様相を呈します。不良債権の処理に追われ、破綻する金融機関も続出。日本経済は大失速し、企業は生き残りのためリストラを断行し、労働市場も大きく変容しました。失業者が増え、非正規社員が急増していきます。会社にも働く労働者にも大きな負荷がかかるようになり、「ストレス」が社会に蔓延するようになったのが1998年なのです。

「ストレス」と「パワハラ」は、密接に関わりあっています。これまでの経験から、ストレスの少ない組織ではパワハラは起きにくく、ストレスコントロールができている人がパワハラをすることはほとんどないと言えます。

ストレスとは何かといえば、「変化」です。ストレスには良いストレスもあれば悪いストレスもあります。適度な変化や小さなストレスは、私たちのやる気を喚起し、働きがいを促進します。一方、ものすごく大きな変化は不安や恐れをもたらし、大きなストレスになります。

もともと、人間には現状をなるべく維持しようとする性質があります。変化した後の自分は未知なものですから、どうなるのかわからない。例えば、営業で働いていた人が経理に異動になるとき、経理で働いている自分を知りませんので、不安を抱く。人は無意識にその不安を回避しようとするのです。

1998年頃から始まった企業や働く労働者を取り巻く環境の変化は、かつてないものでした。これまでの日本的なやり方はもはや通用しないとされ、効率が最優先され、組織の評価方法も成果主義へ移行しました。これまでやってきたこと、これまで成果を出してきたこと、正しいとされてきたことが、すべて否定されたのです。

否定されたのであれば、適応していくためには変わらなくてはいけません。しかし、環境は激変したけれど、組織の風土や文化、働き方、マネジメントやコミュニケーションには、旧態依然とした部分が残りました。変化し続ける環境と、変わりたくない働く人たち、このギャップがストレスを生み、「パワハラ」という言葉が生まれたのだと思います。「自分も変わります。あなたも変わってください」と、互いに変化を受け入れられればいいのですが、人間はどこかで自分は正しいと思いたいですし、できることなら変わりたくない。人や環境のほうに変わってもらいたい。

本来、働く人を守ってくれるはずの組織には、まったくゆとりがありません。そんな中、労働者がラクになりたい、つらい気持ちをわかってもらいたいという気持ちを、端的に表現したのが「パワハラ」という言葉だったのだと思います。

そして、この便利な言葉に、職場内で生まれた上司と部下の間の問題すべてが吸収されていきます。激しい変化の時代に組織や労働者が適応できず、ストレス社会が生まれ、そこで登場したのが「パワハラ」なのです。

メンタルヘルス領域の3大テーマ

労働問題と言えばパワハラという時代になり、同時に、パワハラは職場におけるメンタルヘルスの大きなテーマにもなりました。メンタルヘルスの業界誌には、「過重労働」「職場復帰支援」、そして「パワハラ」が、メンタルヘルス領域の3大テーマと記されることがあります。これらは、精神疾患の発症の原因となったり、それが自殺につながったり、労災や訴訟へと結びつきやすい問題だからです。

労働契約法第5条には、労働者への安全配慮義務が謳われています。

使用者は，労働契約に伴い，労働者がその生命，身体等の安全を確保しつつ労働することができるよう，必要な配慮をするものとする

ここに記された「生命，身体等の安全」は、身体の安全だけでなく心の安全も含まれます。つまり、労働者がメンタル不調を起こさないよう企業は配慮する義務を負っていると

いうことです。

心の安全も対象となったのは2000年。D社の新入社員が過労によりうつ病を発症し、自ら命を断ったことがきっかけでした。なくなった社員の遺族が会社に損害賠償請求を求め、会社側に過労に対する安全配慮義務違反があったことが認定されたのです。

安全配慮義務は、危険予知義務と結果回避義務という2つで構成されています。事前に危険に気付くのが危険予知義務、危険に気付いたら結果を回避するための行動をとるのが結果回避義務です。


例えば、長時間働くと健康障害を発症するリスクがあるので勤怠管理をしっかりするのが危険予知義務。過重労働が常態化すると病気になる可能性がありますので、過重労働をさせないというのが、結果回避義務です。厚生労働省は、月の残業時間が45時間を超えると健康障害を発症するリスクが高まると考えています。80時間以上を超えると労災が認められやすくなるため、80時間以上の残業をさせないように配慮することも対策の一つです。

パワハラについても、パワーハラスメントのような問題が職場にないか職場巡視やアンケート、ストレスチェックの集団分析の結果などから気付いてくださいね。気付いたら、結果回避のための行動を組織や上司がとってくださいね、ということです。

パワハラの訴えがないから存在しない、というのではなく、職場でアンケートを実施して危険を予知する。あるいは、職場の中に起こった問題を従業員が相談しやすいように、信頼できる相談窓口を設置する。現在、どのくらいの企業で実施されているかは別の問題として、こうした取り組みが企業に求められているわけです。

余談になりますが、過重労働対策については、「働き方改革」のもと、企業が「ノー残業デイ」を徹底させるなどして残業時間に上限を設けたり、何日以上の有休消化を義務付けたり、経営トップから現場へと具体的な目標が示され進められています。

しかし、「残業するな」というかけ声ばかりは大きくなるけれど、業務量は以前とまったく変わらず、求められる質も同じ。働ける時間は減ったため、決められた時間内で多くの仕事を処理しなくてはならなくなりました。ミスをすると余計に時間がかかってしまうので、小さな失敗も許されなくなる。さらなるプレッシャーが現場にかかってしまっているのが実情です。

仕事時間が減ったぶん、仕事の質的負担感が上がってしまったのです。業務負荷は、仕事の質と量の掛け合わせで決まります。

「働き方改革」と言いながら、仕事の量の負担が仕事の質の負担に置き換わっただけとも言える。このように表面的な対応では意味がないことは、現場のみなさんが実感するところではないでしょうか。

働き方を本質的に変えるのならば、選択と集中で業務量を減らすべきで、そのためには、どのようにチームワークをとっていくのか、効率化できる仕事は何かなどを一緒に考えるべきなのです。しかし、単純に「早く帰れ！」「残業禁止！」になってしまっている。業務負荷が下がるような取り組みをしているようでいても、実はストレスが置き換わっているだけ。これが、新たなパワハラを生む土壌となる可能性もあります。

パワハラが企業に与えるダメージ

パワハラ行為は、加害者と被害者間だけの問題に留まりません。

暴言を吐かれ、恫喝され、被害者である部下の自尊心は傷つき、自信や意欲は低下します。脳が萎縮しますので、仕事のパフォーマンスも低下します。過度なストレスによって、メンタル不調をおこし、強い不安や悩みや葛藤の末、退職ということになりかねません。

こうした被害者がいる職場の環境は、当然、悪化します。パワハラ被害者を守らない会社を信頼できるはずがありません。社員のモチベーションは下がり、生産性も落ちる。「こんな会社は嫌だ」と優秀な人材が流出する可能性もあります。

労災・訴訟のリスクはすでにお話したとおりです。問題解決にともなう直接費・間接費は膨れ上がり、また、裁判となって企業名が出ることによって、会社のイメージも失墜します。こうした職場では、さらなるパワハラ行為が生まれやすくなり、負の連鎖が続いてしまうのです。

今、「健康経営」がブームになっています。企業が戦略的に従業員の健康管理を行うことが経営の大きなテーマとなっているのです。しかし、「働きやすい環境を」と言っている横でハラスメントが起こっていたら、大きな矛盾があります。

ハラスメント問題を積極的に取り組むということが、すなわち健康経営――身体の健康、心の健康、多様性への対応、すべてにつながるのです。
パワハラによって健康を害する可能性が高いことは、さまざまなデータが示していま す。パワハラの問題に取り組まず、「過重労働対策をやっています」「女性活躍推進をやっています」と言っても、何もしていないのと同じではないでしょうか。

私はいくつかの企業で相談室のカウンセラーをやっていて、1日8人くらいの方と面談するのですが、パワハラの相談が1件もないという日はほとんどありません。多いときは、半分以上がパワハラ相談ということもあるほどです。カウンセラーに相談しに来てくれること自体は悪いことではないのですが、見方を変えると、会社の中に相談できる人がいないということでもあります。
行為者に対する許せない気持ちがあり、同時に会社は自分を守ってくれないという不信感もある。そこで秘密を守ってくれて安心して話せる社外のカウンセラーに相談をするわけです。

実際、2016年の厚労省のパワハラ調査でも、パワハラを受けたと感じた人に、その後の行動を聞いて見ると、「何もしなかった」と応えた人が40・9%にも上ります。2位が「会社関係以外に相談した」の24・4%。会社とは関係のない人に相談しても、話を聞いてもらって気持ちが楽になることはあっても、根本的な問題解決にはなりません。それでも、会社とは関係のない人に愚痴るしかない状況なわけです。

会社関係者に相談したというのが20・6%。職場の中で互いが相談し合うという機能が低下している証左であり、パワハラが起きる要因のひとつでもあります。

なぜ、「何もしなかった」のかの理由は、「何をしても解決にならないと思った」が、68・5%。そう思ってしまう背景に、不安とか諦めとか、恐れといった感情があるように思います。つまり、今の職場環境は安全ではないのです。安全であれば、不安になることはないし、諦めることはないですし、恐れることもありません。働く人々の中にこうした感情があるので、職場の中にある問題が解決しにくくなっている。

パワハラやセクハラといった問題を早期に発見し、自分たちで解決できるような環境にないのです。この68・5%という数字は、会社がちゃんと見ておくべき数字です。

人間が何かにチャレンジするには、安心感や安全感が不可欠です。安心ではない、安全ではないというところで無理はできません。無理ができないということは、パワハラをするような人に「やめてください」とは言えないということです。周囲に相談することもためらってしまうでしょう。従業員が抱えるこうした気持ちを理解し対応していくことが、組織には求められます。

パワハラの解決は個人任せにできないことです。パワハラというのは自分よりパワーのある人にいじめられているのですから、その人に自力での解決を求めるのは無理な話。守る仕組みや制度が必要なのです。個人も組織もこの問題に向き合っていかなくてはならないのです。

不満を減らすよりも、満足度を上げる

収入がどんなに高くても、自分のことを攻撃する人がいると、それだけで退職理由になります。逆に、収入が低くても、会社の中に信頼できる、仲のいい人がいると続けられる。それくらい、人間関係は会社という組織の中で大事なものです。

しかし、会社は従業員のために何かをしようとするとき、給料を上げるとか、残業を減

らすとか、福利厚生を充実させるとか、不満を減らすためのアプローチばかりをしています。

もちろん、労働に応じた賃金を支払い、過重労働をさせず、福利厚生という金銭とは異なる報酬を与えることも必要です。しかし、不満を減らしても、人間の満足度は上がらないというのは、臨床心理学者のフレデリック・ハーズバーグが「二要因理論」で指摘しています。不満と満足度というのは、そもそもの軸がまったく違うので、満足度を高めるためには、満足度を高めるためのアプローチが必要なのです。

もっと会社の中ですべきことは、最低限の不満を減らすアプローチをしたら、次は働く人の満足度をあげるアプローチをしていくことです。人と人が互いに尊重し合い、共感し合い、認め合うような職場環境にしていくにはどうしたらいいのか？　制度ばかりに頼るのではなく、働く人が本質的に求めていることは何かを会社は考えるべきだと思います。

もう終わりにしよう

２０１７年、ハリウッドで始まったセクハラ告発キャンペーン「#Me Too」が大きなうねりとなって世界中に広がりました。映画界や政界でのセクハラや暴力を告発し、そして、「Time's Up」――もう終わりにしようという、一般労働者のセクハラ被害の支援活動も始まりました。

このムーブメントは、いったん日本にも上陸しました。しかし、日本のお国柄の故なのか、「#Me Too」と声をあげた人に対し、「あなたに落度があった」「お前が言うな」といったバッシングが相次ぎ、このキャンペーンは政局に使われただけで、広がることはありませんでした（このように被害者を傷つける言動をセカンドハラスメントと言います）。しかし、人権侵害を許さない意識が世界的に広がっている今、日本がいつまでも、「セクハラ後進国」と言われていてはいけません。

セクハラもパワハラも人権侵害です。「もう終わりにしよう」――終わりにするための行動をとっていくべきで、沈黙や見て見ぬふりをするのも、ハラスメントという人権侵害を助長する行為であると認識すべきときがきているのです。

2章

パワハラの構成要件

パワハラ講習を行うと、受講した方がもっとも知りたがるのが判断基準です。どんな言動をするとパワハラが成立するのか？　パワハラとそうではない行為の境界線はどこにあるのか？　総務や人事の方からは、「パワハラのNG行為集を作ってください」とお願いされることもあります。

しかし、パワハラ問題はこの判断基準が極めて難しく、パワハラをわかりにくいものにさせている一因でもあります。いろいろあるハラスメントの中で基準がわかりやすいのがセクハラで、セクハラは被害者側の判断に則ります。１００％ではありませんが、セクハラは性的な言動を受けた人が「不快」だと感じたら、ほぼ成立すると考えたほうがいいでしょう。もちろん、「平均的な女性労働者の感じ方」「平均的な男性労働者の感じ方」を基準にして、客観性は常に担保されています。しかし、被害者の「不快だ」と感じた主観が重視されます。

「セクハラではありません」と行為者側がいくら言っても関係はありません。受け取った相手がどう感じたかが第一。性的な言動をし、相手が不快だと感じた瞬間にセクハラとなる可能性が高いので、性的な言動を制御することがセクハラ防止の大前提となります。

一方、パワハラは被害者側の主観だけでなく、十分な客観性が求められます。どんなときにパワハラと判断されるのか、パワハラの構成要件を見ていきましょう。

パワハラの定義と判断基準

パワーハラスメントについては、厚生労働省のワーキンググループが、2012年にその定義を定めています。

職場のパワーハラスメントとは、同じ職場で働く者に対して、職務上の地位や人間関係などの職場内の優位性（※）を背景に、業務の適正な範囲を超えて、精神的・身体的苦痛を与える又は職場環境を悪化させる行為をいう。

まず冒頭に、「同じ職場で働く者に対して」とあり、その対象の範囲を職務でつながっている人間関係と出来事であると限定し、その後、パワハラの構成要件を3つ掲げています。

ひとつが、「職務上の地位や人間関係など職場内の優位性」です。つまり、行為者に優位性（パワー）があることがパワハラの前提となります。

日本レスリング協会のパワハラ問題で、当該監督が所属する大学の学長が、「パワーもない人間によるパワハラっていうのが一体どういうものか私にはわかりません」と発言しました。世間から大バッシングを受けましたが、「監督にはパワーがない」と明言することによって、「優位性」というパワハラの構成要件を崩そうと試みたのだと思います。

しかし、パワーがあるかどうかは、選手と監督との関係性の中で確認するものであって、学長という強大なパワーを有する自身の立場から、「あの人はパワーがない」と言うのは明らかに視点がズレています。また、あまりにも人の気持ちを介さない言い方で、「その言葉がパワハラそのもの」と批判を受けることになりました。

続いて、「業務の適正な範囲を超えて」とあります。本来業務の適正な範囲内で上司が行ったものであれば、それは指導となる。しかし、適正な範囲を超えたときに不当性が出てくる。

同時に、適正な範囲を超えた行為が、どれだけの期間続けられたのかという「継続性」も問題になります。パワハラをする人はほとんど繰り返し行います。なぜなら、自分ではパワハラだと思っていない場合が多いからです。行為者が上司であれば、指導という認識で行っているので、繰り返してしまうのです。

では、本来業務の適正な範囲を超えた行為が継続して行われたら、パワハラになるかと言うと、それだけではありません。「精神的・身体的苦痛を与える又は職場環境を悪化させる行為」とあるように、それが相手のダメージになっているかどうかもパワハラかどうかの要件となります。

個人に対する身体的あるいは精神的なダメージはもちろんですが、組織にダメージを与える行為もパワハラとなります。このダメージの判断には、一般的な受け止め方としてダメージとなるかという客観性が必要になります。被害者の主観が尊重されるセクハラとパワハラの大きな違いはここにもあります。

同じ言動でも受け止め方は、人によって異なります。普通の人が受け流せるようなことでも、深く傷ついてしまう人もいます。多少、厳しめの指導でも受け手の判断だけでダメージとして認められたら、上司は何も言えなくなってしまいますし、繊細な人を雇えなくなってしまいます。一般の人から見ても、「それは、ダメージになるよね」という客観的な判断がなされます。

パワーがあるということ、行き過ぎた行為があるということ、ダメージがあるということ。この3つがパワハラの構成要件となります。具体的にどんなケースにパワハラとなるのか見ていきましょう。

【ケース1】

朝寝坊して会議に遅刻したら、上司から厳しく叱られ、精神的にまいってしまった。

上司からの叱責ですから、パワーがあります。精神的にまいってしまったとのことで、ダメージもあったようです。しかし、「遅刻をして厳しく叱られた」というのは、行動に焦点が当たっていますので指導といえるでしょう。人格否定、雇用不安を与える、長時間の叱責、大声で怒鳴る、机を叩くといった行為がなければ、業務の適正な範囲を超える不当行為とはいえません。3つの要件を満たしませんので、パワハラとは判断できません。

【ケース2】

忘年会の席で、新入社員の部下から、「Aマネージャーは、口のうまさだけで今のポジションになったとしか思えません」と言われて、ひどく落ち込み食欲もありません。

お酒の席とは言え、上司に向かってこんなことを言う社員はどうかと思うかもしれません。人格否定をしているような発言なので、行き過ぎた行為として認められるでしょう。マネージャー本人も食欲を失うほどダメージを受けています。しかし、一般的な新入社員にはパワーがありませんので、パワハラは成立しません。

【ケース3】

上司から、「お前は本当に駄目人間だな」などと言われることがあるが、いつも親身に指導をしてくれるので嫌な感じはしない。

パワーのある上司から、「お前は駄目な人間だな」という人格否定ともとれる発言があった。この部分だけを切りとるとパワハラが成立しそうですが、しかし、本人はまったくダメージを受けてはいませんので、パワハラにはなりません。

【ケース4】

上司から、「営業は成果をあげるのが義務だ。お前は給料泥棒だ。クビを覚悟しろ」などと何度も言われ、胃が痛くなり、出社できない日がある。

もう、おわかりかと思いますが、パワーがある上司から、人格を否定される不当行為があった。そして、出社できないほどの心身へのダメージがあった。パワハラの構成要件が揃っています。

こう見ていくと、どういう行為がパワハラになるのか簡単に、言葉だけ、行動だけで線引きできないことがわかるのではないでしょうか。

優位性とは?

パワハラ定義の最初の部分、「職務上の地位や人間関係などの職場内の優位性」については、厚労省のワーキンググループも付記をしています。

※上司から部下に行われるものだけでなく、先輩・後輩間や同僚間、さらには部下から上司に対して様々な優位性を背景に行われるものも含まれる。

かつて、「優位性」というのは職務権限を指していました。パワーとは上司の持っている職務権限であり、パワーを持っている上司からパワーのない部下に対するいじめや嫌がらせを、パワーハラスメントと呼んでいました。

しかし現在、優位性は職務権限だけではなくなっています。経験や専門性、集団や正当性もパワーを持ちうるようになった。経験があったり、専門性を持っていたり、集団でまとまったりすることで、誰もがパワーを持つことができるようになったのです。

例えば、パソコンの専門的なスキルが豊富な部下が上司に向かい、「今どき、こんなソフトも使いこなせないなんて人として問題ですよ、仕事になりませんよ」と言えばパワハラ的な言動だと言えます。しかし、これを、「逆パワハラ」と呼ぶことはありません。

女性から男性へのセクハラ行為を、マスコミは「逆セクハラ」と報じることがあります。キャッチーな表現のため使用されるのでしょうが、現在、これも「セクハラ」です。

22頁でご紹介した精神障害の労災請求の出来事別の支給決定件数の第6位が、「セクシュアルハラスメントを受けた」というもので、支給件数35件すべてが女性でしたが、前年の2016年は支給件数29件のうち、女性が28件という結果でした。つまり、残りの1件が男性への支給ということになります。

決して、男性から女性への行為のみをセクハラと言うわけではなく、女性から男性でも、同性間でも、性的な言動で不快な思いをさせたら、すべてセクハラの対象となります。

パワハラも上司から部下だけでなく、部下から上司、同僚同士とパワハラ行為の対象が多様化していて、問題が非常に難しくなっています。メンタルヘルスの支援の現場でも

「新たなパワー対決」について相談されることが増えています。

最近、役職定年制度をとる企業が増えています。55歳になると管理職の権限が外され「担当部長」という肩書きになったり、肩書きもなく特定の仕事だけを任されるといった制度です。収入も大きく下がるため、役職定年後の社員のモチベーションマネジメントは簡単ではありません。最近、管理職になりましたという上司と、肩書きがなくなった元管理職。上司と部下の関係だったのが、部下が上司になり上司が部下になる、こういう関係が珍しくなくなっているのです。

上司である元部下には職務権限というパワーがあります。しかし、かつての上司には、人脈もあるし経験のパワーがあります。ここで、職権のパワーと経験のパワーがぶつかるわけです。上司は自らの権限をもって、年上部下に対して仕事を命じるのだけれど、元上司は「それは自分の仕事じゃない」と言ったりする。昔は降格もなければ役職定年もなかったので、パワーが逆転することはありませんでした。今はその逆転現象が増えているのです。

役職定年となりやる気を失った元上司には、なんらかの役割を与え、頼りにし、感謝することで、経験のパワーをいい方向に向かせることができます。「教えてください」「また力になってください」「○○さんがいると安心です」「いつもありがとうございます」こうした言葉で、「あなたの存在が必要だ」と伝えると、やる気を取り戻してくれることもあります。しかし、年下上司は年上部下との関わり方を学ぶ機会を与えられることなく苦労されている方が多いようです。

また、経験や知識がなにかしらの優位性になることもありますし、部下がみんなで協力して上司を無視するなどして、集団がパワーとなることもあります。こうしたパワーを、会社のため、自分のため、仲間のために使えばいいのに、戦うために使ってしまい、新たなパワハラを生んだりしているのです。

パワハラの6類型

パワハラの定義、構成要件を見てきましたが、厚労省はさらに典型的なパワハラ行為を「職場のパワーハラスメントの6類型」と整理しています。これがパワハラ行為のすべてではありませんが、参考になりますので見ていきましょう。

①身体的な攻撃　暴行・傷害
②精神的な攻撃　脅迫・名誉毀損・侮辱・ひどい暴言
③人間関係からの切り離し　隔離・仲間外し・無視
④過大な要求　業務上明らかに不要なことや遂行不可能なことの強制、仕事の妨害
⑤過小な要求　業務上の合理性なく、能力や経験とかけ離れた程度の低い仕事を命じることや仕事を与えないこと
⑥個の侵害　私的なことに過度に立ち入ること

①身体的な攻撃、②精神的な攻撃、③人間関係からの切り離しの3つについては、いかなる職場でも原則「業務の適正な範囲外」となります。殴ったり蹴ったり、脅したり、人格否定をする暴言を浴びせたり、個室に隔離したり。これらの行為は、どんな職場でも認められることではありません。

しかし、④以降は、各企業や職場で認識を揃え、その範囲を明確にしておく必要がある

と記されています。職種によってはときに、過大な要求をしなくてはならない場面もあります。例えば、医療現場などでは、患者の命を救うため、多少、無理なことでも要求しなくてはならないこともあるでしょう。消防や警察が、緊急のときに「ばかやろう！　どけ！」と、乱暴な言葉で怒鳴りつけることもあるでしょう。

言葉だけを聞けばパワハラのようですが、一刻を争う現場で危険を伝えようとするときに、言葉を選んでいたら、命の危険にさらされる。その言葉自体がパワハラ的であったとしても、場所や状況によっては、乱暴な言葉のほうが伝達力が高いわけです。また、警察官などは職務上、職員の個人調査が必要な場合があるかもしれません。個の侵害も組織によって違うということです。

ハラスメントになるかならないか、職種によっても一概には言えない部分もあるため、職場の中で判断し、認識を揃えていく必要があるのです。

厚労省の職場のいじめ・嫌がらせ問題に関する円卓会議ワーキング・グループの第5回検討会資料によると、「裁判例において、不法行為責任あるいは債務不履行責任が問われた場合等の違法性等の判断にあたっては、次のような点が考慮されている」とまとめています。

○指導監督・業務命令を逸脱した行為の有無
　業務と明らかに関連性のない行為
　権限の範囲を逸脱し、裁量権の濫用とされる行為
　社会通年上許容される業務指導の範囲を超えた行為（手段、態様）
○行為者の動機・目的・受け手との関係
　不当な動機、目的に基づくもの（例：指導のためではなくみせしめとして行う行為など）単なる私的目的に基づくもの
○受け手の属性
　平均的な心理的耐性を持つ者に対する心理的負荷の程度を勘案したもの
　受け手の状況を勘案したもの（例：新入社員など）
○行為の継続性（回数）、加害者の数など
○受け手が身体的、精神的に抑圧された程度
○人格権侵害の程度

こうしたことを勘案して、何が「業務の適正な範囲」なのか、総合的に判断していきましょうとしているのですが、まだ、漠然としています。よくある事例について、具体的に解説していきましょう。

例えば、人事権の行使について。合理的な理由があって会社を辞めることを勧めはするけれど、最終判断を本人に任せる退職勧奨は、適正な範囲内になります。しかし、退職強要はアウト。人事異動は適正な範囲内ですが、不当な配置転換は範囲外となります。

次に、マネジメントについて、適正な課題や目標設定をするのは、当然、適正な範囲です。過大な要求や過小な要求は範囲外。

失敗に対する注意も、事柄や行動に焦点が当たっていれば指導です。例えば、遅刻した部下に「遅刻するな！」は範囲内。しかし、「遅刻をするお前は人間のクズだ」と人格否定したり、「会社にいられなくするぞ」と脅したり、ましてや殴ったりしたら範囲外です。

コミュニケーションも、仮にその質が悪くても、一応、発信と応答をしていれば範囲内。しかし、無視したら範囲外になります。

介入範囲は、業務との関連性があれば範囲内。業務との関連性のない私的なことであれば範囲外。

こうした形で分けることはできます。難しいのは、最初は業務の適正な範囲内であったものが、次第に範囲外に移行していくことが少なくないことです。退職勧奨だったのが、感情的になり、退職強要になってしまうといったことは珍しくありません。

コミュニケーションについても、最初はちゃんと応答していたのだけれど、何を言っても響かない部下に「こいつはダメだ」と思い、無視するようになってしまったり。「遅刻はダメだぞ」と注意していたけれど、いつまでたっても時間にルーズで、「お前は、何度言ってもわからないな！　社会人失格、人間のクズだ！」と言ってしまったり。

部下に対するネガティブな感情が積み重なることによって、範囲外に移行していく可能性は十分にあるのです。感情の力によって、パワハラのラインを跨いでしまうのです。

人によってダメージが変わる

ここまで、パワハラの行為類型は、①身体的攻撃、②精神的攻撃、③人間関係からの切り離し、④過大な要求、⑤過小な要求、⑥個の侵害、の6種類があること。いずれも、業務の適正な範囲に照らして、パワハラ認定を行っていくことをお話ししました。

「誰が」「何を」したかだけでなく、「誰に」したのかも重要になります。すでにお話ししたように、ダメージの大きさは受ける人によって異なるからです。

例えば、精神疾患から復職したばかりの人に対して高度な仕事の要求をしたり、お酒を飲めない体質の人に飲酒を無理強いすると、ダメージが大きくなります。また、経験が浅く不安を感じやすい新入社員に対し、その失敗をみんなの前で厳しく叱りつけたら自尊心はひどく傷つけられます。

ひとつ、判例をご紹介しましょう。

【A社　2014年11月　福井地裁】

未成年へのパワハラ訴訟で自殺との因果関係が初めて認定されたケース。

A社に勤務する男性社員（19歳）が自殺したのは上司のパワハラが原因として、男性の父親が損害賠償を求めた訴訟で、原告の主張を認めて会社と直属の上司に約7200万円の支払いを命じた。判決は、上司が新入社員に人格否定を繰り返したとして「典型的なパワハラ」と認定し、会社と上司に損害賠償の支払いを命じた。

上司はこの19歳の新入社員に対して、次のような発言をしていました。

「耳が遠いんじゃないか」

「人の話を聞かずに行動、動くのがのろい」

「相手するだけ時間の無駄」

「反省しているふりをしているだけ」

「死んでしまえばいい」

「嘘を平気でつく、そんなやつ会社に要るか」


裁判官は、こうした発言を「仕事上のミスに対する叱責の域を超えて、男性の人格を否定し、威迫するものである」として、典型的なパワハラと認めました。この裁判では、職務経験も社会経験もない新入社員に対し、ダメージを与えたということが大きく勘案されました。精神的に耐性が必ずしも高くない人を追いこんだことは企業にも行為者にも、重大な責任があるということです。

この会社は、翌年の「ブラック企業大賞」にノミネートされました。ブラック企業大賞は社会的責任も考慮されるため大企業が受賞することが多いのですが、新入社員が死を選ぶほど苦しめたということが大きかったのでしょう。地方の中小企業が特別賞の汚名を受けることとなりました。パワハラとブラック企業が結びついた象徴的な裁判でもありました。

何をしたかに焦点が当たりがちですが、行為がどれだけダメージになるのかというだけでなく、誰にしたのかということも重要なのです。繰り返しになりますが、人によってダメージの受け方は違います。相手によっては、パワーを強めたほうがいいこともありますし、弱めたほうがいいこともある。指導する際には相手に合わせて、パワーの質と量のコントロールが必要になるわけです。

アサーティブに接していく

コミュニケーションスキルのひとつで「アサーション」と呼ばれるものがあります。
簡単に言うと、相手を思いやりながら自己主張をする、ということです。

人間には、いつも自分のことを優先する攻撃的な人と、自分を後回しにする非主張的な人がいます。前者はプライドが高く、攻撃的。後者は自分よりも他人を優先するタイプで、日本人に多いタイプです。

例えば、上司も部下も攻撃的であれば、お互いに言いたいことをぶつけ合うので、部下側もあまり、ダメージを受けていなかったりします。

しかし、上司が攻撃的で、部下が非主張的だと、部下は一方的に言われっぱなしで、自分の意見など言えません。こういう関係は部下が体調不良、うつ状態になりやすく、危険です。

「攻撃的」「非主張的」か。どちらがいいのかという話ではなく、どちらも欠けていることに気付いていただきたいと思います。コミュニケーションにおいて、自分でも他人でも、どちらか片方だけを優先するというのはよくありません。対話が成立しないからです。

自分も大事。相手も大事。どちらも大事。相手を尊重しながら、自分の意見や要望も対等に表現することが大切です。アサーティブは対等にコミュニケーションするということ。アサーティブに接していくとパワハラはできません。対等な中にパワハラは生まれないのですから。

パワハラの基準も人によって異なる

パワハラはパワーがあるか、不当行為があるか、ダメージがあるか。この3条件で見ていくわけですが、行為が行き過ぎたかどうかの判断、行為の許容範囲は人によって違います。これもまた、パワハラ行為の線引きの難しさの一因だということがおわかりいただけたかと思います。

では、ご自身の許容範囲について、以下の事例で考えてみてください。

A社の営業部員は、定例会議に遅刻するとみんなの前で厳しく叱られる。また、月1回の全体会議前日は、2時間近くの残業を強いられるため、部員は不満を感じている。

この上司の行為を見て、パワハラだと思いますか？　感覚的に判断してみてください。セミナーでは、「まったく、パワハラだとは思わない」を1点、「間違いなくパワハラだ！」

というのを10点として、点数化してもらっています。「パワハラ研修なんだから、パワハラだろう」と7～9点をつける人もいますが、次に、6人前後のグループになって平均点を出してもらうと、個人の点数とのギャップが出てきます。さらに、セミナー参加者全体の平均点を出すと、さらに、個人とのズレが生じます。

これは、何点が正解、ということではありません。ある行動に対し、自分の見方と他人の見方は違う、ということを感じてもらいたいのです。ハラスメントでは、自分と他人の違いを理解するということがとても重要になります。

では、この事例について、パワハラかどうかの判断がなぜ割れたのか、振り返ってみましょう。

パワハラだという人は、「みんなの前だからダメ」「厳しすぎるのがよくない」「残業を強いるのはどうか」などと言います。つまり、パワハラかどうかを判断するとき、そこにある「言葉」で判断しているのです。

人間は話の内容より、言葉そのものに反応しやすいのです。「みんなの前」「厳しい」「強いる」のはよくないと感じたわけです。

私の判断では、行為としては必ずしも行き過ぎていません。もちろん「みんなの前」で失敗を叱らないほうがいい。わざと失敗する人は基本的にいません。失敗して傷ついているところに、さらに自尊感情を傷つける行為で、そんなふうに叱責されてやる気を起こす人はいません。

しかし、理由もなく遅刻をしたなら叱られても仕方がありません。時間をきちんと守っている人にしてみたら、「なんだよ、あいつ！　遅れてきて」という思いも抱くでしょう。そこで上司がみんなの前で叱ってくれたら、「ちゃんと言ってくれた」と溜飲を下げることもできる。全体の納得性が高まりますので、みんなの前で叱ったほうが効果的な場合もあります。

また、「厳しく」叱るのは、大事な会議を軽んじたからであって、ここで厳しく叱らなければ、会議を軽んじてもいいという認識が広がってしまう。職場の秩序を守るため、厳しく叱ることは必ずしもマイナスではありません。しかし、「定例会議に遅刻するような奴はダメ人間だ！」と言ったとしたらどうでしょうか？　遅刻という行動だけでなく、人格否定が含まれているのでパワハラ的になります。

2時間近く残業を「強いられる」という表現ですが、「強いられる」というのは基本的によいことではありません。ただし、必要な残業を求めているのにそれをパワハラだというのは違いますよね。

残業の指示は、目的があり必要性があるかどうかです。残業をする合理性や相当性で判断していかなくてはならないのに、「強いられる」という言葉だけで判断しているわけです。

つまり、何を言いたいのかというと、人は言葉に反応しやすいため、上司は部下に誤解を与えないように丁寧に言葉を発していく必要があるのです。仕事を期限内にやり遂げてもらいたいという思いを伝えるとき、「最後まで投げ出さずにやってくれよ」と言ったら、部下は「投げ出したりしませんよ！」と反発したくもなります。

自分が口に出した表現が、どんなふうに解釈されるのかということへの想像力が大切です。アサーティブな表現——自分のことも、相手のことも考えて表現する。自分ではなく他人のほうへ意識を向けると、他人側から自分のことを見ることになります。

「部下が自分の思うとおりにやってくれない！」と思うのは、自分が軸になっている証拠です。じゃあ、なぜ、彼はできなかったのか？　と相手の立場や状況を考えることができると、いきなり感情をぶつけることがなくなります。コミュニケーションの軸は相手にあると考えてください。

パワハラ許容度チェック

では、本章のおさらいとして、パワハラ許容度チェックをしてみましょう。

【ケース1】上司から、名前ではなく「おい」とか「お前」と呼ばれている
【ケース2】上司に朝の挨拶をしているが、返事をしてくれない
【ケース3】新規事業の企画が得意なのに、上司から命じられるのは顧客対応ばかり

みなさんは、どれがパワハラに該当すると思いますか?

私がパワハラ的な行為として考えるのは、ケース1とケース2です。上司が名前ではなく、「おい」「お前」と呼ぶ(ケース1)というのは、適切ではありません。判断は人に

よって分かれるところですが、人には名前があり、名前はその人の存在そのものです。名前で呼ばないのは、その人の存在を否定しているようなものです。

また、挨拶をして返事をしてくれない上司（ケース2）。これは無視です。無視はパワハラの行為類型に入ってもいます。これだけで十分パワハラ的な行為と言われてもおかしくありません。なぜなら、無視をされたら、傷つくだけでなく仕事になりませんから。

最後、得意なことをさせてもらえず、上司からは顧客対応ばかりをやらされるという不満ですが（ケース3）、「ばかり」という言葉に、パワハラ的だと感じた人も少なくないのではないでしょうか。しかし、これは人事権の行使です。会社は好き嫌いや得意不得意だけで、仕事を割り振っているわけではありません。会社側は適正配置をしているので、この行為自体はパワハラにはなりません。

このチェックをセミナーで行うと、一般社員にはパワハラだと考える人が多く、50代、60代のベテラン社員になればなるほど、パワハラではないと考える人が多くなります。

物事は見る人によって、その判断が変わる。それを知ってください。あなたがパワハラではないと考えても、受け手はそうはとらないわけです。それが正しいかどうかではなく、見方が違うということを理解する。自分の判断をあてにしてはいけないのです。

ケース1のように、親しみをこめて、部下のことを「お前」と言う人もいるでしょう。しかし、例えば、あなたのお子さんが、あなたが思いをこめてつけた名前を呼ばれず、「おい」「お前」としか呼ばれないとしたら、どう感じますか？

自分や大切な家族に置き換えて、「イヤだな」と観じるような行為はしないことです。「親しみを込めて」というのは、自分からの見方です。勝手に合理化してはいけないのです。

パワハラを一瞬で消す方法

パワハラとは、職場においてパワーを背景に、業務の適正な範囲を超えた行為によって、パワーのない者にダメージを与える行為であり、そのダメージは受け止める人によって異なるというお話をしてきました。

パワハラについて知れば知るほど、わかりにくいものだとお感じかもしれません。しかし、実はパワハラを一瞬で消す方法がひとつあります。

それは、「パワハラという言葉を使わない」ということです。

禅問答をしたいわけではありません。すでに見てきたように、そもそも、パワハラという罪はありません。代表的なパワハラ行為の6類型はありますが、よく、考えてみてください。暴行や傷害という身体的攻撃は、刑法に照らせば暴行傷害罪です。脅迫や暴言といった精神的な攻撃は脅迫とか名誉毀損侮辱罪。退職強要や不当解雇は労働法違反で、これらすべては法律問題になります。

また、無視するといった人間関係の切り離しや個の侵害は、コミュニケーションの問題ですし、過大や要求や過小な要求は、マネジメント問題です。

つまりパワハラ問題というのは、そもそもひとつもないのです。

職場における問題を「パワハラ」と表現できるようになり、極めて抽象度の高いものになってしまったわけです。

例えば、上司が無視をするというのも、「ご迷惑をおかけしましたが、お話しさせてもらえませんか？」とコミュニケーションを取っていけばいい。しかし、それをいきなり「パワハラです！」と言ってしまう。

お互いの関係性の中で起こる問題は、どちらが完全に悪いということはほとんどありません。相当部分、あなたが悪かったとしても、こちらにも悪い部分はある。ただ、私たちはそれを認めたくない。

「パワハラです！」と言った瞬間、「私は被害者であり悪くない！」と、自身の正当性の表明になってしまう。「パワハラです！」と言われて、すぐに「ごめんなさい」と言う人はいません。そもそも、こんな、一方的なコミュニケーションはありません。

効率化された時代になり、人は、すぐに答えを出したがります。粘り強くコミュニケーションを築いていくという人が減ってきています。自分にも責任がある、相手にも責任がある、だから話し合い、着地点を探りましょうというのではなく、いきなり私は悪くないというところから入ってしまう。

今すぐパワハラを消す方法

具体的な行為	行為類型	本当の問題
暴行・傷害	身体的な攻撃	法律問題（刑法） 傷害・暴行
脅迫・暴言など等	精神的な攻撃	法律問題（刑法・労働法） 脅迫・名誉毀損・侮辱 退職強要・不当解雇
隔離・仲間外し・無視	人間関係からの切り離し	コミュニケーション問題
業務上明らかに不要なことや遂行不可能なことの強制、仕事の妨害	過大な要求	マネジメント問題
業務上の合理性なく、能力や経験とかけ離れた程度の低い仕事を命じることや仕事を与えないこと	過小な要求	マネジメント問題
私的なことに過度に立ち入ること	個の侵害	コミュニケーション問題

パワハラ解決基本ステップ

STEP 1	STEP 2	STEP 3
抽象化への対処	具体化への展開	クロージング
●受容的態度で接する 相談者が安心して話せる雰囲気を形成する。相談者を尊重し、中立性を維持して丁寧に話を伺う姿勢を大切にする。 ↓ パワハラかどうか判断しない。判断基準に焦点を当てない。	●問題を分解する どのような行為がパワハラだと感じましたか？ 詳しく話を聴かせていただけませんか？（5W1H） ↓ つまり、「指導が適切でない」「サービス残業を強いられる」ことでこまっているということですね。	●問題に対処する ①情緒的支援 カタルシス効果・自尊心の回復 ②具体的支援 情報提供・助言・指導等 ↓ 相談を受けた人は、相談者の安心感、納得感を高める。

無視されるということであれば、無視をする原因は何なのか？　そうならないようにどうしたらいいのかを話し合っていけば解決にたどり着けます。
そもそも、ある具体的な行為に対する問題だったはずなのに、「パワハラです」という言葉を使うことで抽象化されわかりづらくなり、それが、個人にも組織にもネガティブな発信のため、さらに問題を複雑化させてしまっているわけです。

しかし、暴行や傷害などのパワハラが刑事責任を問えるからといって、刑事告訴する被害者は多くはないでしょう。なぜかというと、起訴され有罪ともなれば、その上司には前科がつきますが、前科がついたところで被害者には得られるものはないからです。もちろん、よほどの恨みがあり、社会的制裁を加えたいという人もいますが、労災を認めてもらったり、民事訴訟を起こしたほうがよほどのメリットがあります。

しかし、私は民事裁判も決してベストな解決法だとは思っていません。裁判では勝敗が決まりますが、パワハラは感情的な問題を含んでおり、感情の問題を理屈で解決することはできないからです。結局、どちらが勝ってもどちらが負けても、みんなが傷つきます。

裁判で行為者が負けたとき、「どうして、あんなにだらしのない部下の行為が認められるんだ！」「俺は指導をしていただけだ！」と、納得できない思いは募ります。一方、部下側の訴えが認められなければ、「どうして、あんなパワハラ上司が許されるんだ」となります。

裁判になると、社名が出ますので、会社へのダメージもある。みんなが不幸になる。それでも、民事裁判という選択をする人が少なくありません。裁判では、自分の至らなかったところを証言され、自分も傷つきます。しかし、自分が傷ついたとしてもいいから、相手をやっつけてやりたい。それほどに感情的に許せなくなっているのです。

散々、いじめられてくやしい。周囲の誰も助けてくれなかった。会社の中で孤立してしまい、一人で苦しんできた。けれど、弁護士は全面的に守ってくれる。被害者はそこで初めて救われ、唯一の味方を得た気持ちになるわけです。

しかし、逆に言えば、会社で周囲の誰かが賢明に守ってあげていたら、裁判などする必要はなかったわけです。みんな、助けようにも助けられない状況があって、見て見ぬふりをして、それがパワハラとかセクハラといった人権侵害を助長させてしまう。そして、裁判にまで至ってしまうのです。

いちばんいいのが、対話をすることです。裁判で、パワハラかどうかはっきり決着させるという話になると、パワハラ認定されれば被害者は納得しますが、行為者のほうは「そんなつもりはなかった」と絶対に納得できない。感情的なしこりは絶対に残ります。

どちらが正しいのかを確定させることよりも、感情の問題を解決するというアプローチが必要で、それは、互いに話し合っていくこと以外にないのです。

ハラスメントは感情問題

人間である以上、感情があります。感情こそがもっとも大事だと理解し、感情を判断基準にすれば、すべてがうまくいきます。

2018年春、財務省のセクハラ問題が起きたとき、麻生太郎財務大臣が、「セクハラという罪はない」と言いました。それは事実ですし、正しい。何も間違っていません。しかし、誰も納得しませんでした。「この人は、まだ全然、わかっていない」と批判の声もあがりました。それは、被害者に対する思いが微塵もなかったからです。

ハラスメントの問題は、事実によって問題視されますが、問題の本質は出来事によって生じた被害者側の感情にあります。感情の問題を解決してあげることが重要なのです。事実の認定だけに目を向けるのではなく、セクハラでもパワハラでも、不快な思いをさせた、つらい気持ちにさせた責任の一端は自分にあるので申し訳なかったと、誠意をもって言う。すると、被害者の感情が昇華される。特にパワハラの場合は、これだけで解決することがあります。相手を不快な気持ちにさせたのであれば、人間として謝るというのは当たり前のことです。こじれた人間関係を修復するためには、謝罪が出発点となるのです。

ただ、それが言えない。負けたと思ってしまうのでしょう。あるいは、パワハラを認めたことになると思っている。それは、行為者にもやはり、感情的な言い分があり、一方的に謝るということに抵抗があるわけです。ハラスメントが感情と感情の問題である、ということです。

人間関係に正しさはいらない

感情の問題を解決するとき、大切なのは「正しさ」を捨てることです。そもそも私は、人と人との関係に「正しさ」は不要だと思っています。一般的な対人関係において、正しさを主張することにメリットがないのです。正しいことなんて、自分の中で確認すればいいことだと思います。何を言っているんだ？　とお思いかもしれませんが、私がカウンセリングをしていく中で確信している事実です。

人間関係において正しいことを言ってもほとんどうまくいきません。物事を理解して正しいことを言うのではなく、相手の感情を理解して相手に伝えてあげたほうがいい。

しかし、特に管理職ともなると、部下に正しいことを伝えなくては、と思うでしょう。「仕事なんだから責任をもってやりぬけ！」というのは、まったく正しいことです。「結果を出さなくてはいけない」というのも、企業論理からは正しいでしょう。しかし、そう言われた部下が、「そうですね！　おっしゃる通りです！　わかりました」と行動に移すことはほとんどありません。

正しさばかりを伝えるのではなく、やらなくてはならない状況なのに、できていない部下にはどんな欲求、感情があるのか、どんな状況があるのかということを、問いかけるほうが重要です。

上司はみんな正しいことを言おうとします。しかし、正しいことを言おうとすればするほど、相手は動かなくなります。正しいことを捨てて、感情を理解するのです。

例えば、家に帰ったら妻が「聞いてよ、今日、お隣の奥さんが～」とご近所の愚痴を始めたとします。「なんだよ、またかよ……」と思いながら、仕事上のトラブルを処理するがごとく理路整然とアドバイスをしたら、妻から「そんなこと聞いてるわけじゃない！」とキレられる。こんな経験がある人も少なくないでしょう。

夫のアドバイスは、間違っていないでしょうし、恐らく正しい解決方法だったでしょう。しかし、妻はアドバイスを求めたわけではありません。つらいこと、嫌な気持ちになったことをわかってもらいたかった。わかってもらいたいのに、いきなり正論で返されたので怒りになったわけです。

正しい解決法があったとしても、まずは妻に対し「大変だったね」と共感してあげる。そのうえで「そんなつらい目に遭わないために、こうしたら？」と言えば、妻も「そうね」と言ってくれるでしょう。

感情を理解して受け止めてあげると、今度は相手が言ったことを受容する準備ができます。自分のことを理解してくれている人の言うことには、聞く耳を持ちます。つまり、正しいことを伝えたいのなら、相手との関係性を築いてから言うべきなのです。

しかし、上司はみな、一方通行に発信しがちです。アドバイスも励ましも一方通行。相手がその発信を受信するためには、信頼関係が必要です。まったく同じ言葉を発したとしても、関係性によって相手が受信するか、拒絶するかが決まります。

具合の悪い部下を見て、上司が「お前、病院行ってこいよ！」と声をかけたとします。関係性が悪ければ、「病人扱いしないでください！」と反発するかもしれない。しかし、いつも、自分のことを気遣ってくれている上司の言葉だったら、「ちょっと行ってきます」と素直に聞ける。

信頼関係によって、聞こえ方が変わるのです。あなたの言っていることを相手が受け止めるだけの信頼関係がありますか？　信頼関係がないのであれば、言葉を慎重に選ばないといけません。わかり合えていると、言葉ではなく、気持ちに反応するようになる。そういう関係が今、上司と部下の間で失われているのかもしれません。

3章

ストレスとパワハラの関係

1章で「パワハラ」がストレス社会の中で生まれたものであると言いました。自分にストレスがあって、相手にもストレスがある。だから、互いにストレスを増幅するような関わり方ではなく、お互いにとってプラスになるにはどうしたらいいのか？ というのを建設的に考えていくべきです。

ストレスに対して、なんらかの対処をしてコントロールをしていくこともパワハラ防止へのひとつのアプローチとなります。「パワハラ」と同じように、これまた漠然とした「ストレス」というものを知る必要があります。

ストレスは弱い者に置き換えられる

ストレスはそのメカニズムとして、人から人、強い者から弱い者へと向かっていく特徴があります。ストレスの置き換えと呼ばれるものです。

例えば、上司や先輩、親など、優位性のある人、強い者がイライラしたり、カチンとしたり、高ストレス状態になると、自分の中のストレスを外に出したくなります。無意識に誰かに置き換えたくなる。そして、無意識に自分より弱い人を探すのです。

例えば、部長や課長は部下に対して、「お前！　何やってるんだ！」とは言えますが、社長に対しては絶対に言いません。社長だからやめておこうと理性的に計算して判断をしているわけではなく、無意識にターゲットを弱い者に定め、そこに自分のストレスを置き換えているのです。

置き換えたられた側——部下や後輩や子どものストレス耐性が高ければ、「部長、役員との会議で何かあったんじゃないの？」「今日は機嫌が悪いんだなあ」と軽く流すこともできるでしょう。しかし、ストレス耐性が低いと受け止められず、傷ついてしまう。そして、「今の発言、パワハラです！」となってしまう。

上に立つ人はストレスをしっかりコントロールしていく必要があります。そうしないと、ストレス状態が高くなったとき、無意識に近くにいる自分より弱い人へ吐き出してしまいます。無意識だからこそ、怖いのです。

我慢をしない

ストレスがないところで、人間はあまり怒りません。逆に言うと、ストレスのあるところで人は怒りを発散します。

だから、我慢をしてストレスを溜め込むことはしないほうがいい。耐えられる我慢の容量は人によって違います。「ストレスのコップ」のようなものがあったとして、暑いという不快感の我慢、空腹への我慢、寝不足の我慢など、さまざまな我慢は、ストレスとしてまとめてこのコップに貯まっていきます。我慢をし過ぎて、ストレスが貯まってコップがいっぱいになると溢れ出てしまう。それが、怒りなのです。

その意味で、怒りっぽい人というのは、我慢のしすぎだとも言えます。我慢強い人ほど、切れやすい傾向があります（なかには瞬間湯沸かし器のような人もいますが……）。個人のストレス耐性の問題もありますが、めったに怒らない人は、実はあまり我慢をしていない人ともいえます。


こういうお話をすると、「我慢をしなければ、忍耐強さは養えない！」と思う人もいるかもしれません。もちろん、自分の実現したいものに対しては、我慢をしてでも突き進んだほうがいい。我慢する価値があるからです。

しかし、暑さや空腹など、いろいろなことを我慢しすぎてしまうと、知らず知らずのうちに、ストレスのコップは満タンに近づいていきます。そんなときに、ちょっとした不快な感情が加わると、ストレスのコップが溢れ、怒りが爆発してしまうのです。

我慢する必要がないことは、我慢しないほうがいい。

暑いのであれば涼しい室内に入る、空腹を感じたら小腹を満たす。具体的な形で解消できるものは、解消していきましょう。「ストレスのコップ」に余裕を持たせておくのが、ストレスコントロールなのです。

例えば、子どもがずっとテレビを見ていて、「一体、いつ勉強するんだ？」と思いながら、声をかけるのを我慢しているとします。そんなとき、のんきな子どもの笑い声にカチンときて、気付いたら怒鳴り声をあげてしまうといったシチュエーションはよくあるものです。

しかし、「いつ勉強するんだ？」と気になったときに、「そのテレビ、いつ終わるの？」と聞いていたら、どうでしょう。子どもから「あと30分」という返事があれば、「テレビが終わったら勉強やろうね」と伝え、ムダに怒らなくても済みます。

しかし、その番組が30分後に終わるということを知らないと、「勉強もしないで、ずっとテレビ見ているつもりなのか!?」と疑念が生じ、我慢し続けた結果、あと少しで番組が終わるというときに、怒り出してしまうわけです。子どもだって、「この番組が終わった

ら、勉強しようと思ってたのに！」と逆切れしたりもする。

お互いにストレス耐性を上げたほうがいいのはもちろんですが、怒りの感情を人にぶつけないようにするため、常に冷静でいることが必要です。それは、自身でゆとりのある状態をつくるということです。ゆとりがあれば、人の話も冷静に聞くことができます。

職場でも同じです。部下の仕事が遅いと感じているとき。「どうだ？　様子は？」と声をかけ、「期限内には終わりそうです」「もう、仕上げの段階です」などと、進捗を聞き把握していたらイライラする必要もありません。

それなのに、言葉をかけずに勝手に我慢を重ね、ギリギリになって「お前、一体、どうなってるんだ!?　大丈夫なのか！」と言ってしまったりする。自分が気になっていることがあるなら、相手にちゃんと確認すればいい。でも、意外とこれができない人が多いようです。

そして、コップが溢れた勢いで、「お前はいつもそうだ」「日頃から」「この前も」と、過去にあったことまで持ち出し、人格否定までしてしまって、一線を超えてしまう。

会社を取り巻く環境が変化する中、上司に負荷がかかりやすくなっています。理想を言うのであれば、部下の側から、「あの仕事ですが、期日内には終わりそうです」「プロジェクト順調ですので安心してください」などと一言でも報告するだけで、上司のストレスを軽減させることができます。

人は互いの事情がわかっていると、理解しあえ尊重することができます。何も知らなければ知らないほど、相手の行動をネガティブに解釈しがちで、相手が苦しんでいるときにもかかわらず、苦しい働きかけを発信してしまったりもする。

自分のストレス耐性をあげ、ストレスコントロールをして、相手のストレスを理解してあげることが必要なのです。

小さなストレスを解消していく

ストレスには、大きいストレスと小さなストレスがあります。大きいストレスは、人生における大きな出来事にかかわることで、結婚や離婚、会社の倒産やリストラ、転職や異動などです。結婚、昇進などのプラスの出来事でも変化がストレスになります。小さいストレスは、日常の瑣末なイライラで、満員電車や近所の騒音、会社の長過ぎる定例会議などがあげられます。

つらいのは当然、大きい（強い）ストレスです。また、小さなストレスでも長く続くと、蓄積されていくため、これもまたダメージになります。ストレスはその強度と持続性に注意しましょう。

パワハラは行為者がストレスを置き換える行為であり、被害者にしたら、日々、ストレスが積み重なっていくことになります。そのダメージは大きいもので、パワハラが続くと心身の不調から適応障害、そしてうつ病になるリスクが高まるのはそのためです。

ストレスコントロールのひとつに、「小さなストレスから解消していく」という方法があります。まず、今、自分が抱えている悩みを1位から10位までランキングをつけ、下位の悩みから解決していくのです。

先ほど、ストレスのコップのお話をしましたが、暑い寒いや空腹、騒音、人間関係など、すべての不快な現象が蓄積しひとつの固まりとなって、その人の「ストレス」となります。心身を楽にさせるためには、この固まりを小さくすることが不可欠です。1位の悩みは簡単に解決できないからこそ、1位になっているわけで、これをなくすのは容易ではありません。しかし、8～10位の悩みならなんとかなるかもしれません。

下位の悩みが解消されると、ストレスの総和が小さくなり、身体の調子が少し楽になります。身体の調子が楽になると、気持ちにゆとりが生まれます。自分ではどうにもならないと思われた1位の悩みについて、周囲に助けを求めたり、アドバイスやサポートを受け入れたりする余裕がでてくる。自分にとっての最大の悩みに対処するための、心と体の基礎体力を上げることができるのです。

悩みの1位が「パワハラ」だという人は、もはや自力では解決ができません。ハラスメント問題は、自分で解決することが難しく、人に打ち明けにくいという特徴があります。だからこそ、パワハラは自分一人ではどうにもならないことを自覚する必要があるのです。それが、自力では解決できないパワハラに対する解決のための第一歩となります。

もちろん、解決を諦めろと言うのではありません。変えられることを確実に変え、変えられないことは、「自分だけでは変えられない」ということをひとまず受け入れる。そして、人に助けてもらうのです。同時に周囲は悩んでいる人に声をかけ、相談にのってあげる。

悩んでいる状態、ストレスを抱えている状態というのは、問題解決能力が低下していま す。そんなとき、人に相談することで問題解決能力を上げていくことができるのです。

上司世代にのしかかるストレス

ストレス社会と言われる今、なかでももっとも大きなストレスがかかっているのが、30代後半から50代の中年期です。実感されている方も多いのではないでしょうか。中年期は能力と経験のバランスがとれ精神的に成熟し、会社でもある程度のポジションを得て、いわゆる「働き盛り」と呼ばれる時期です。しかし、一方で、大きなストレスを抱え心理的な危機に直面する時期でもあります。

それを心理学では「中年の危機」と呼んでいます。スイスの精神学者のカール・グスタフ・ユングは、40歳位から始まる中年期を「人生の午後」と位置付けました。一生を1日になぞらえると、太陽が光輝きながら高く上っていく午前中は、希望に溢れる少年期から成人前期。正午を過ぎ、日暮れに向かっていく午後は、人生も終盤へと向かう中年期だということです。ユングはこの時期が人生の「転換期」であり、「危機の時期」だと指摘しました。

また、発達心理学者のダニエル・レビンソンも、成人後期である中年期は人生の変動期であり、ストレスが多い時代であると指摘。ここで正常な中年の80％が、人生に対し、停滞や幻滅、焦燥を抱くと分析しています。

それを示す、データもあります。

２０１７年の年齢別自殺者数（平成29年厚生労働省自殺対策推進室）を見ると、40代がもっとも多く、３６６８人に上ります。

また、警察庁の統計「犯罪情勢」を見ると、２０１６年、暴行でもっとも検挙された年代は40～49歳（６０２９件）。続いて、30～39歳（５２４１人）で、もっとも多い40代は9年前（２００７年）と比べると、２１４８人も増加しています。

この約10年でこれだけ増加したのは、この世代がイラ立ち、キレやすくなるほどに、過剰なストレスがかかっていると推測できます。

プレイングマネージャーとして、自ら結果を出さなければいけないし、マネジメントも任せられる。時代が時代なら、役職につけばそれほど頑張らなくても自然と成果が上がり、自分の評価にもつながっていったはずでした。しかし、頑張っても業績は上がらない。部下は思ったように働いてくれないし、忖度もしてくれない。そういった中で、マネジメント業務をしながら、自らも動かなくてはならず、ストレスが蓄積していく。

同時に、直面した「中年の危機」の乗り越え方がわからないという問題もあるようです。年齢が上がり役職につき、自分ができること、求められていること、したいこと、すべてが変わってきます。プレイヤーだったときは、個人目標です。しかし、プレイングマネージャーとなれば、個人の目標に加え、部下にも成果をあげてもらわなくてはいけない。他者の力をかりて、目標を達成しなくてはならなくなります。

改めて、いったん立ち止まり、自分ができること、求められていること、したいことを整理して、目標を再設定する必要があります。それができた人は変化に適応していけますが、立ち止まらずに進んでしまう人が少なくないようです。結果、変化に苦しむ。なかには、キレたり、病気になったり自殺をしたりということにつながってしまう人もいる。

そこまで追いこまれるほどに、ストレスがかかっているということなのです。

その怒り、睡眠負債かもしれません

もうひとつ、上司世代とも言える中年期の人々にかかる過剰なストレスは、睡眠不足が無関係ではないと見ています。総務省統計局の社会生活基本調査を見ると、40代後半から50代前半の睡眠時間がもっとも短いのです。

睡眠時間が短い理由はさまざまでしょう。仕事が忙しかったり、子育てや親の介護の問題もあるかもしれません。また、健康上の問題を抱えているため眠れないという人もいるでしょう。

では、睡眠時間が減るとどうなるのでしょうか。パワハラの話からは少々、離れますが、ストレスマネジメントという意味で重要なので、睡眠の大切さをメカニズムから解説していきます。

人間の脳の側頭葉の奥には、扁桃体と呼ばれる部位があります。この扁桃体は感情中枢とも呼ばれ、恐怖や不安、緊張などに反応し、怒りにも直接関わります。生命の維持に非常に重要な働きをしていて、疲れて寝不足になると扁桃体が過剰反応することがわかってきました。

2013年、独立行政法人 国立精神・神経医療研究センターは、次のような研究成果を発表しています。「ウィークデイに相当するわずか5日間の睡眠不足により、ネガティブな情動刺激（他人の恐怖表情）に対する扁桃体の活動が亢進することがわかりました。一方で、ポジティブな情動刺激（幸せ表情）に対する扁桃体の活動性は変化しませんでした」。扁桃体は睡眠不足になるとネガティブな反応を強めるのです。

一方、額のところにある前頭葉の前頭前野は、私たちの理性的な行動をつかさどっています。この前頭前野が思考中枢であり、「脳の最高司令官」とも言われています。私たちは前頭前野で思考したり、想像したり、集中したりします。例えば、対人関係の中で「この人には、こう対応したほうがいい」と思いをめぐらせるなど、臨機応変な行動はこの前頭前野の働きによるものです。

理性のブレーキを踏むのも、この前頭前野です。例えば、電車の中で足を踏まれた！というとき、扁桃体はカッカッします。しかし、だからといって、ほとんどの人は足を踏まれたから踏み返すということはしません。前頭前野が理性のブレーキを踏むからです。

前頭前野が脳の伝達における上の層で、扁桃体は下の層に位置します。上の層が下の層をコントロールできる。脳が秩序ある状態であれば、前頭前野を中心とした上の層が、扁桃体などの下の層をちゃんとコントロールしているのです。

しかし、睡眠不足になると前頭前野の機能が低下します。ブレーキが緩んでしまい、何か嫌なことがあったとき、扁桃体の反応を止めることができなくなってしまうのです。

よくよく考えたらそれほどたいしたことでもないのに、怒鳴り声を上げてしまうといったことは、脳が秩序を失っているから。こうした脳の機能が、パワハラ的に怒りの感情を人にぶつけてしまうとか、キレやすくなり暴行を働いてしまうといったことに、つながっているのです。

自分の意識の中ではどんなに理性的に「落ち着け」と思ったとしても、理性のブレーキが効かなければ、感情が前に出てきてしまいます。感情的な状況になったときに感情的な行動が起こるわけですが、そこに理性が介入する余地がなくなってしまうのです。

だから、前頭前野にしっかり理性のブレーキを踏んでもらうために、中年期は特にしっかり睡眠をとることが大切です。ぐっすり眠ってスッキリ起きているという人で、パワハラをしている人は見たことがありません。質のいい睡眠がとれている人はゆとりがあって、職場の中で何か問題があっても冷静に見ることができますし、冗談だって通じたりする。睡眠不足で扁桃体がカッカしている人は、まるで冗談が通じません。なんでもネガティブに受け止め、「それは俺が悪いのか！」と怒ったりもする。理性が働かず、思考力も低下しているので、何かを言われると悪口だと誤解してしまうのです。

ＯＥＣＤ（経済協力開発機構）の調査でも、日本人の睡眠時間の短さは韓国に続いてワースト2位。日本は不眠大国です。「24時間闘えますか」とか「寝る間を惜しんで働く」といった時代がありましたが、２０１７年、「睡眠負債」という言葉が流行語大賞のトップ10に入りました。睡眠負債とは、少しの睡眠不足が借金のごとく積み重なっていくことを意味します。

睡眠軽視の時代は終わり、眠りもマネジメントする時代になったのです。睡眠の状態がよければ脳が機能して、パフォーマンスがあがる。生体防御システムというのが高度に機能して、免疫が上がりますから病気にもなりにくい。前頭前野のブレーキがものすごく効くようになり、感情をコントロールできるようになる。睡眠がよくなると、すべてがよくなる。私たちが幸せになるためには、ちゃんと寝ることが大切なのです。

先ほど、40代後半〜50代前半が、もっとも睡眠時間が少ないといいました。眠れないことがストレスになっているかもしれないし、ストレスがあるから眠れなくなっているかもしれません。睡眠とストレスの関係は人によって違いますが、睡眠学者は精神性のストレスは睡眠でしか解消できないといっています。

「お酒やカラオケでストレス解消！」という方もいるでしょう。しかし、それはただの気分転換。気分転換と精神性のストレスの解消は、まったくの別モノです。

睡眠不足や不眠状態の延長戦上にうつ病のリスクがあります。うつ病の人の9割以上に睡眠障害があります。睡眠は、生きるための土台です。土台がしっかりしていると、その上にさまざまなものを積み上げていくことができます。しかし、土台が揺らいでいると、コミュニケーション能力やビジネススキルをいくら培っても崩れてしまいます。スキルがあっても、感情が制御できないとうまくいきません。睡眠はすべてを改善するカギとなる可能性があるのです。

日々の睡眠不足が蓄積していくと、睡眠負債が貯まり、借金のように膨れ上がっていきます。借金はお金さえあれば一括返済できますが、睡眠負債は一括返済ができません。月曜から金曜までに貯まった睡眠負債を、週末だけでは解消できないのです。身体にはリズムがあって、昼間は覚醒し夜は眠るという生体リズムに則ったメリハリが必要なので、昼まで寝ていると覚醒時間が短くなります。

長時間の睡眠は疲労回復にはなりますが、身体のリズムを崩すので、かえって調子を崩してしまいます。少しずつ睡眠時間を増やし、それでも、平日の睡眠時間がどうしても短くなるようだったら、週末は2時間ほど増やす。

睡眠管理――スリープマネジメントも、ストレスマネジメントのひとつだと心得てください。

ストレスと人間関係

ストレスと人間関係には深い関わりがあります。人間関係の悪化はストレス要因になるということは、みなさん、ご承知だと思います。しかし、その逆、ストレスを抱えていると人間関係がうまくいかなくなるということもあるのです。

ストレスと人間関係、両方うまくいっていると、ともによい状態が持続しやすいのですが、片一方で問題が生じると、もう片一方にも問題が起こるのです。ストレスと人間関係、両方ともコントロールしていくことが必要です。

コミュニケーションを十分にとって、良好な関係を築くための行動をとる。同時に、自分のストレスもコントロールする。人間関係をよくしていくと、ストレスを減らす要因になります。緩衝要因と言うのですが、片方がよくなると、もう片一方もどんどんよくなる。ストレスがなくなり、気持ちが落ち着くと人間関係がよくなり好循環に入ることができます。

しかし、悲しいかな、私たちは日頃から寝不足やストレスを抱えていて、なにかしらの人間関係のトラブルもあったりして、この2つが強力に刺激し合って悪循環にハマりやすくなっています。そして、それがやがてパワハラにつながってしまうのです。

4章

内在するリスクを知る

「よし、パワハラをしてやろう！」と思ってする人はほとんどいません。部下に実績を上げさせるため、部下に成長してもらうため、「よかれ」と思ってやった行為が、パワーハラスメントだと言われてしまう人がほとんどです。「自分は絶対にパワハラなんてしない！」と思っていても、潜在的にリスクを抱えているかもしれません。自分自身の内なるリスクを知っておくことは大切です。

自分のパワハラリスクを知る

「個人のパワハラリスク度チェック」をしてみましょう。

①仕事に対して「こうあるべきだ」と考える傾向がある
②物事を白か黒かはっきりさせるほうである
③プライドが高いほうである
④これまで他の人より実績を残してきたほうだと思う
⑤自分の思っていることや気持ちを表現しないで我慢することが多い

⑥「失敗するな!」「なぜ、できないの?」という否定的な表現をよく使う
⑦人の気持ちより、正しいかどうかの理屈のほうが大切だと思う
⑧正当な理由があれば、パワハラ行為をしてもしかたがないと思う
⑨仕事は結果がすべてだと思う
⑩高ストレス状態または睡眠になんらかの問題を抱えている

このチェックはセミナーでも実施するのですが、ひとつもチェックが入らない人はほとんどいません。どこかにチェックが入るものです。すべてにチェックが入る人もいます。

誤解しないでいただきたいのですが、チェックが入ったところが悪い、欠点だというわけではありません。これらの内容は、パワハラ行為をしてしまうリスクではあるけれど、同時にその人の強みである場合もあります。では、なぜそれぞれの項目が内在するリスクになるのか、ひとつひとつ、見ていきましょう。

①仕事に対して「こうあるべきだ」と考える傾向がある

「〜すべき思考」が強過ぎると怒りの感情が出やすくなります。仕事だろうと、家庭であ

ろうと、「そうすべきだ」と思っても、ほとんど、思ったとおりにはなりません。それでも、「そうすべきだ」と思っているわけですから、常に理想と現実の間に大きなギャップを抱えていることになります。そのギャップがストレスとなり怒りの感情が出やすく、他者にぶつけてしまうことになる。

考え方は、言葉や感情からも影響を受けます。「〜すべきだ」というのが口癖になっている人は、「〜なると良くなるよね」と表現から変えていくと、自分の中にある偏りをほぐすことができます。

②物事を白か黒かはっきりさせるほうである

「白黒思考」は判断力が早いというプラス面があります。しかし、仕事の中、特に対人関係の中では、白黒つかない問題のほうが圧倒的に多いものです。とりわけ人の感情は白も黒もありません。

どちらかはっきりさせるという思考は、はっきりさせられない問題に対して苛立ちを感じやすくなる。これも、①と同じ、考え方の偏りです。

③プライドが高いほうである

「自分は正しい」「自分が常識的だ」と思いがちで、常に自分の側から他人を見る傾向があります。相手の発言の裏にある真意や、相手が思うようにできない理由などに思いが至らないなど、他者が見えていないことが多いのではないでしょうか。

④これまで他の人より実績を残してきたほうだと思う

自分で結果を出していますので、自分のやり方が正しいと思いがちです。部下の個性や成熟度に応じて指導するという視点に欠け、自身の成功体験があるために、それが唯一の正解とばかりに部下に押し付ける。そして、できないのは気合いが足りないからだと、乱暴な結論に陥ってしまう。なにかにつけて叱責が多いのもこのタイプです。

スポーツの世界では、「名選手が名監督にならない」と言われますが、ビジネスの世界でも優秀なプレイヤーが、必ずしも優秀なマネージャーになるとは限りません。マネージャーの仕事は、自分ではなく他者の力を借りて成果をあげることなのですが、プレイヤーとして優秀だった人は、マネージャーになっても自分でやってしまうことが多いようです。

部下が成果を上げられないと、最後、自分が動いて結果を出してしまう。チームとしての数字はいいのに、部下はまったく成長していないし、自信がなく、仕事に対して不満を募らせていたりします。プレイヤーの自分とマネージャーになった自分とでは、役割が違うことを認識しなくてはいけません。

⑤自分の思っていることや気持ちを表現しないで我慢することが多い

この質問にチェックの入った人は、従順性が高く協調性もありますが、ストレスを溜め込みやすいタイプです。3章で、我慢をしないほうがいいというお話をしましたが、我慢やストレスを溜め込んでいると、ストレスのコップが満タンになり、外に溢れ出てきてしまい、突然、感情が爆発してしまったりする。

自己主張が強過ぎる方にも問題はありますが、この非主張型にも問題があります。どちらも極端でバランスが悪い。一方的に自分のことを言うか、ひたすら耐えるか、どちらも両極端。どちらもリスクを抱えています。最近の若いリーダーには、このタイプの方が多いように思います。

⑥「失敗するな！」「なぜ、できないの？」という否定的な表現をよく使う

「なぜ、できないの？」という表現は相手を追い込みます。「失敗するな！」は、失敗したら責任を取らすぞというふうにも受け止められますので、部下を萎縮させます。また、できていない人に、「なぜ、できないの？」と聞くのは、極めて乱暴な問いかけです。理由がわかっていたら行動しているわけで、「なぜ、できないんだ？」と言われても、答えられません。こういうシチュエーションになると上司は、部下の反応の悪さに苛立ち、同じ質問を繰り返します。部下側も、こんなふうに責められたらネガティブな感情が表情に出て、それを見た上司はさらにヒートアップしてさらに不毛な問いかけを繰り返す。

自分の否定的な言葉を繰り返すうちに自分自身が興奮し、部下を追いこんでしまいます。そして、気付いたときに、「だから、お前はダメなんだ！」と人格否定をしてしまう可能性があります。

⑦人の気持ちより、正しいかどうかの理屈のほうが大切だと思う

管理職は正しいことを部下に伝えようとします。それ自体は大切なことですが、正論を相手にぶつけるのは、ある意味、自己満足です。繰り返しになりますが、人間関係におい

て、正しいことを言っても問題は解決しません。
何をしたら良い結果が生まれるかということを考えると、やはり感情への対処です。正しいことができていないその人の欲求、気持ち、価値観を理解してあげると、自分のことをわかってくれたと思う。その上で正しいことを言われたら受け入れることができます。しかし、信頼関係がまるでない相手から正論を言われると、怒りに変わります。「仕事だろう、ちゃんとやれよ！」「そんなことはわかっています」と、互いにやりあってしまう。

部下もわかってはいるんです。だからこそ、「でも、できない」という部分を共に考えていくべきなのに、上司がひたすら正しいことを言っていたら、心理的に部下を追いこむことになります。正しいことは、否定できないですから。くどいようですが、人間関係は正しいことを言ってうまくいくとは限らないということを知ってください。そして、対人関係の場面では、感情を理解することがなにより大事なのです。

⑧正当な理由があれば、パワハラ行為をしてもしかたがないと思う

この項目をチェックする方は、実はとても多くいます。しかし、パワハラ行為は不当行

為であり、不当行為というのは、その理由をどれだけ説明しても、正当化されません。

パワハラをした人は、必ず、自身の手段を正当化する理屈を言います。

「行き過ぎたかもしれない。けれど、部下が全然、指示命令に従わないから」

「部下側にたくさんの問題があって、それを甘やかしてしまっていいのか!?」

「厳しく数字が課せられているんだから、何とかしなきゃいけないじゃないか」

つまり、一方的に処分だけされた行為者は、まったく納得できていないのです。被害者――部下も悪いのになんの処分を受けていない。職務に専念せず、秩序を乱す、礼儀がなっていない。ほとんど義務を果たしていないじゃないか。会社からも厳しくやれと言われていたのに、組織も何も責任をとらない、部下も責任をとらない。自分だけが責任をとらされる。

そんな、納得できないという気持ちが、手段の正当化につながるのだと思います。でも、不当行為はどんな理由を並べても、正当化されることはありません。感情的になって、一線を超えた瞬間、部下が悪かったという情報はほとんど触れられることがなく、あなたのとった行動は行き過ぎだと判断されるわけです。

上司は相手が悪いときほど、逆に自分が冷静にならなくてはいけない。絶対に許せない部下の言動があっても、そういうときこそ冷静になる必要があるのです。

⑨仕事は結果がすべてだと思う

この考え方はビジネスの世界では根強いようです。しかし、会社の商品やサービスが時代に受け入れられず、成長する要素が何もなかったとしても、成長するのが当たり前というのは、根本的に無理のある考え方です。

結果が出なければダメという発想は、翻ると、結果が出れば何をしてもいいという発想にもつながりやすく、不祥事はこうした土壌から生まれます。

企業不祥事は人の倫理観の問題だけではありません。構造上の問題もあります。結果がすべてだと言いながら、時代の変化に対応してこなかった経営者がいる。上場企業は株主に対して責任があるので、予算達成できませんでしたとはなかなか言えない。悪い結果を受け入れることができず、常に良い結果でなくてはいけないと言う考え方が数字を操作してしまうわけです。

当然、そこで働く労働者は「そんな不正は嫌だ」と思っていたはずです。しかし、それを組織的に行い、続けているうちに悪いことだと思わなくなる恐ろしさもあるのです。

結果は大事ですが、それがすべてであるという考え方は危険です。

今の会社の人材や体力で望む成長ができないのであれば、それを受け入れる必要があると思います。受け入れることからすべてが始まると思うのですが、これが、なかなか難しいようです。

⑩高ストレス状態または睡眠になんらかの問題を抱えている

睡眠とストレスの関係は3章でお話ししました。高ストレス状態や睡眠になんらかの問題を抱えている状態だと、感情中枢である扁桃体が過剰反応して前頭前野という理性を司る部分が機能低下します。理性のブレーキが壊れた状態で、何かのきっかけで我慢のコップも溢れると、行き過ぎた指導になってしまいます。

これら10の項目で、該当するものが多ければ多いほど、それぞれが刺激し合って、怒りの感情が出やすくなり、パワハラにつながりやすくなります。チェックが多く入った人は、注意が必要です。

チェックが入った項目のうち、「これは、変えていけるかも」と思うものがあったら、それを意識してみてください。すべてを変えることはできなくても、1～2つ変えることができれば、それぞれが刺激しあう度合が弱まります。リスクをゼロにすることを考えるのではなく、バランスのとれたものにしていくことを考えてください。

変えられるもの、変えられないもの

私はいくつかの企業で、パワハラ行為者に対する再発防止プログラムというセッションを行っていますが、ご依頼をいただくと、お引き受けする条件をお伝えします。それは、本人がセッションを受けたいと希望していること。その1点です。最初から、「こんなの受けても、意味はありません」という人は、どんなにセッションを重ねても変わることはないからです。

「自ら変わりたい」という人に対しては全力で支援するわけですが、何回か話をすると、「この人は変わっていける」というのが見えてきます。それは、「パワハラは自分に原因があった」と理解できるかどうかです。

心理学では、自分の内なるものに原因があることを「内的要因」、自分ではない他者や環境に原因があることを「外的要因」と表現することがあります。外的要因は自分のコントロール外ですから、変えていくことはできません。一方、内的要因は自分自身の中にあるものですから、自らの力で変えることができる。

再発防止プログラムを受ける方は、最初、ほぼ間違いなく、人や環境に責任があると言います。しかし、セッションをしていく中で、次第に、「私の中に問題がありますね」と気付く。100%すべてではないけれど、パワハラ行為をしたことは自分の中に問題があったとわかるのです。

問題が自分の中にあることに気付き、理解できると、どこを変えていけばいいのかというところに焦点が当たります。偏った考え方を改める必要があるのか、言葉の表現方法を変えていくべきなのか。問題の所在がハッキリするので、そこからはみるみる変わっていきます。

しかし、最後まで人や環境が悪いと言っている人は変われません。変わることがあるとすれば、外的要因が変わったときです。しかし、本人の本質は変わっていませんから、再発リスクは依然として残ります。パワハラをした人を単に異動させても、問題の解決にはならないということです。

先ほど、提示した「パワハラリスク度チェック」の10項目も、考え方や価値観、欲求、生理的な状況など、すべて自分の中に内在する問題です。つまり、これらは自身で変えていけることなのです。

パワハラに限らず、問題解決能力のある人は、自分の中に問題を探せる人です。逆に、相手や環境が問題だと言っている人は大抵変わらない。どこに行ってもうまくいかない人の特徴とも言えます。

相手に対して、自分が変われば、相手の反応が変わるかもしれないと考えられる人は、常に適応的です。そして、自分をコントロールする力のある人は、外的要因、つまり、他人や環境に振り回されない。すなわち自律的な人です。

逆に、自分をコントロールする力の弱い人は、他人に介入してきます。ものすごくおせっかいで、でも、人は簡単には変わりませんから、「あの人は、何度言ってもわからない」という話になってしまう。

ストレスコントロールにも通じるのですが、パワハラ行為の改善も、まずは自分でコントロールができるところ、コントロールできないところをしっかり分けるべきです。そして、自身でコントロールできる部分を、しっかりコントロールしていく。これは予防にも対処にも、そして再発防止にも関わってくる、重要なプロセスなのです。

パワハラの4タイプ

パワハラにも、タイプがあります。その人が感情型なのか思考型なのか。そして、主張型なのか非主張型なのか。この2つの軸で大きく4つのタイプに分類できます。

「感情型＋主張型」人は、恫喝型のパワハラをします。相手に対し怒りの感情をぶつけるタイプで、一般的なパワハラのイメージがこれに該当します。現場のリーダーで恫喝型のパワハラをする人は減っていますが、政治家や経営者、スポーツ団体のトップなど、組織のトップに立ち、強大な権限を持つ人の中にはまだまだいるようです。

「思考型＋主張型」の人は、理詰めで相手を追いこみます。とにかく正しさが第一で、キャリア官僚とか、デジタル系・理系の人に多いタイプです。決して、感情的に怒りはしないのですが、論理的に矛盾がある部下に対しては徹底的に突き詰め、心理的に追いこみます。

非主張型にも、感情型と思考型があります。「感情型＋非主張型」は、静かなパワハラを行います。感情的に許せないけれど言葉が出ない人は、無視をしたり、相手にまったく反応しないといった態度をとりがちです。現場で支援をしていての印象ですが、このケースに陥るのは女性同士が多いように思います。決めつけはできませんが、女性は感情のやり取りを大事にする人が多いからこそ、うまく理解し合えなかったとき、切り捨てて終わりにしてしまうのではないでしょうか。

「あの部下は、何を言ってもわからないから黙っているんですよ」という、自分なりの理由があったりして、その行為は目立たず、顕在化しにくいのも特徴です。無視は証拠が残りにくく、事実認定もしにくい。

そして、「思考型＋非主張型」は、相手を否定する方法でハラスメントを行います。否定的な部分が人格に向けられたとき、パワハラとなります。

パワハラ 4つのタイプ

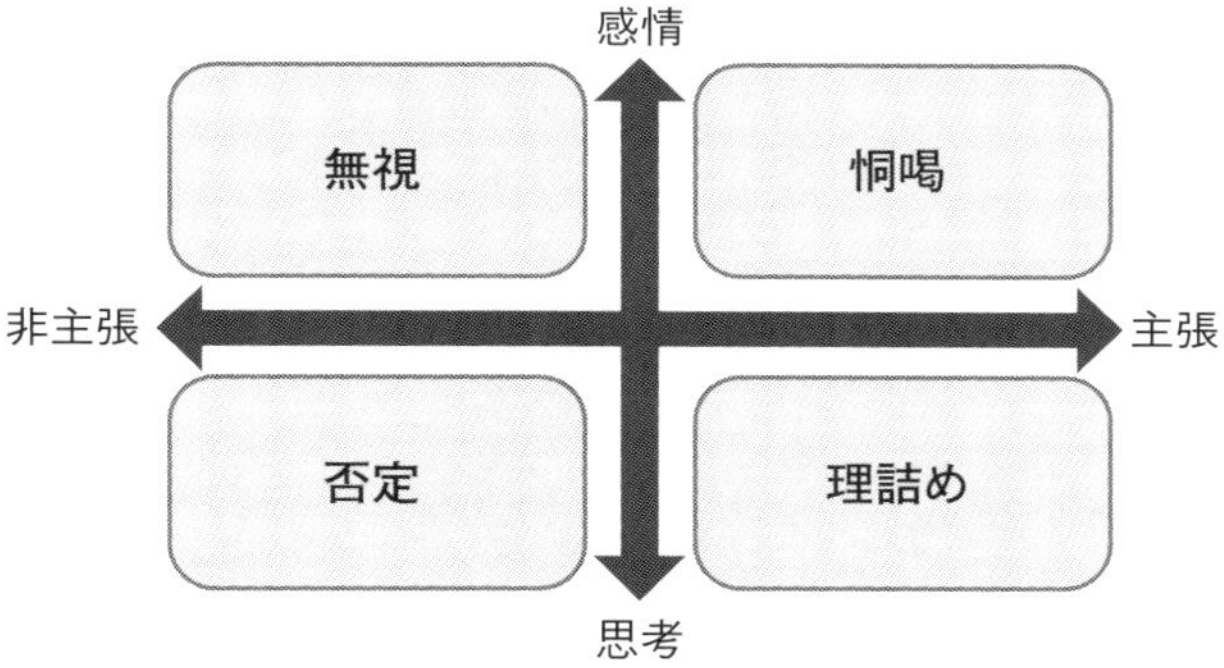

パワハラタイプが変わることもある

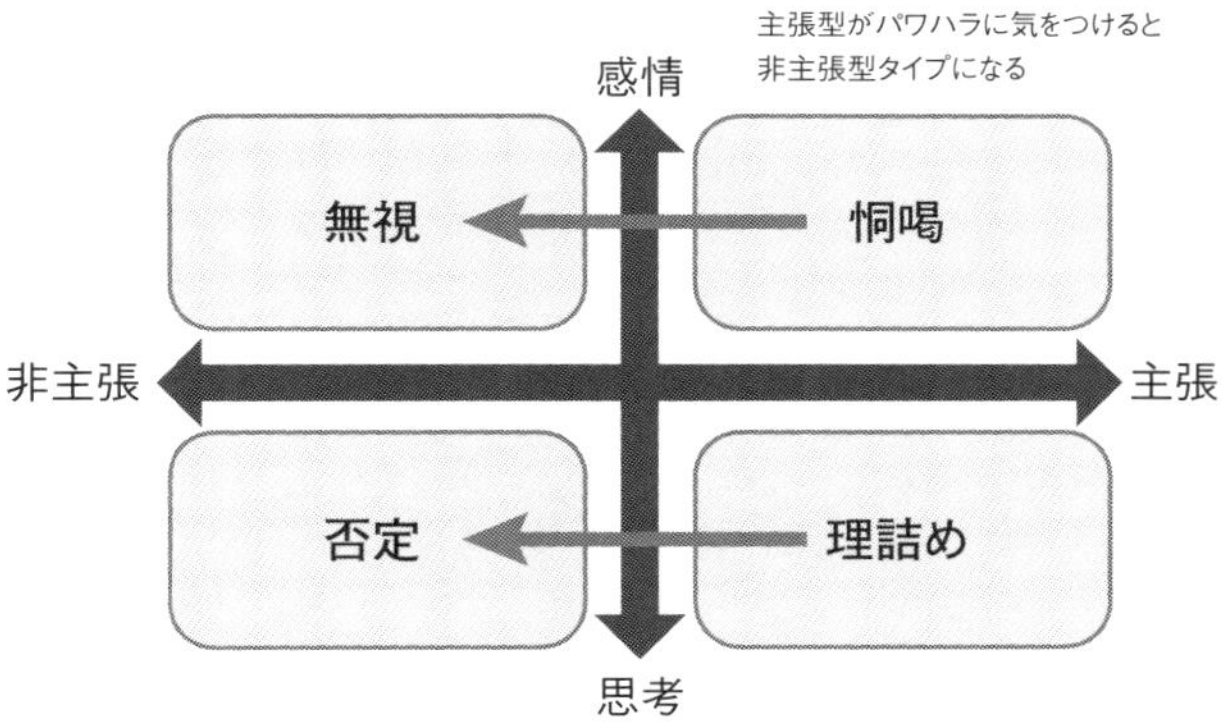

恫喝型はターゲットとなった部下だけでなく、周囲も被害者となります。「次は自分が狙われるのでは」と怯え、職場関係も悪化させます。しかし一方で、派手で目立つぶん、周囲が味方になってくれたり、一緒になって対策を講じたり、被害者同士の連携プレーができたりする。また、恫喝型のパワハラをする人には、意外と感情に訴えたり、うまくのせると関係性を築きやすいこともあります。

一方、理詰め型は理路整然と正しさで追いこむので、本人は反論も否定もできませんし、周りも何も言えなくなってしまう。被害者が孤立しやすく、この理屈型に責められた部下はメンタル不調になりやすいように思います。

恫喝型・理詰め型もつらいものですが、精神的にいちばんつらく感じるのは、無視ではないでしょうか。まだ、否定型のほうが救われます。相手に関心があるからこそ否定をするわけで、無視というのは、その存在を認めないということですから心理的負荷は大きくなります。

また、無視は顕在化しにくく、証拠も残りにくい。恫喝型はいざというときは録音でき、告発する状況にもっていきやすく、守りやすい。今の時代、目立つパワハラは怖くありません。その意味でも、無視という静かなパワハラが怖いのです。

恫喝、理詰め、無視、否定。この4つのパワハラのタイプは、変わっていくことがあります。主張型は目立ちますので、「パワハラをしないようにしよう」と気をつけると、恫喝型は無視をするようになり、理詰め型は否定型へと移っていきます。しかし、パワハラのタイプが変わっただけで、なんら問題の解決にはならないのです。

誰もがパワハラの被害者にも行為者にもなる可能性があります。高いストレス状態になり、自分が追いこまれたとき、どんな態度をとってしまうのかがわかると、備えることができます。パワハラリスク度チェック同様、「自分を知る」という意味で考えてみてください。

組織のパワハラリスク度チェック

個人に内在するリスクについて見てきましたが、次は組織が抱えているパワハラのリスクについてです。パワハラは組織のストレス反応でもあります。過重労働や厳しい成果主義、多様化する雇用形態、コミュニケーション不足など、組織が偏った部分や弱い部分を抱えていると、業績不振やトップの交代など、なんらかのストレスがかかったときに、偏りを強め、弱い部分が表に出てくる。それがパワハラの正体です。

組織に内在するリスクをチェックしていきましょう。

①非正規社員の割合が多い（最近、非正規社員の割合が増えている）
②時間外残業が多い
③仕事をこなすのにスピードが求められる
④ミスの許されない緊張した雰囲気がある
⑤成果主義、実力主義である
⑥組織の方針、役割が変わりやすい
⑦職場のコミュニケーションが不足していると感じる
⑧管理職のための体系的なマネジメント・コミュニケーション研修がない
⑨中高年層の割合が多く、昇進できる人が少ない

⑩近年、定年退職者が多く、社内の技術力（サービス提供力）が低下している

①正規社員の割合が多い（最近、非正規社員の割合が増えている）

非正規の雇用率は社会全体で上がり続けています。雇用形態の中で立場が弱い非正規労働者は被害者として狙われやすく、そして、帰属意識が薄いため、セクハラやパワハラの被害を受けたとき、告発するのは非正規のほうが多いようです。

将来的には、非正規社員の存在が今以上に当たり前になり、問題ではなくなると思います。しかし、多様な雇用形態が混在しているという状態に、組織はまだ慣れていません。そのため、最近、特に非正規の割合が増えているという企業は、ストレスが高まっている可能性があります。

②時間外残業が多い

③仕事をこなすのにスピードが求められる

④ミスの許されない緊張した雰囲気がある

⑤成果主義、実力主義である

仕事の量や時間、質に対しての強いプレッシャーがあり、自分のことで精いっぱいになると、人を助ける余裕がなくなります。こうした、組織のゆとりのなさが、職場から協調性や他者を思いやる気持ちを奪っている可能性があります。

⑥組織の方針、役割が変わりやすい

⑦職場のコミュニケーションが不足していると感じる

⑧管理職のための体系的なマネジメント・コミュニケーション研修がない

自分が部下だった頃、上司から受けてきたマネジメントやコミュニケーションを参考にしていませんか？　それは、決して悪いことではありません。しかし、職場環境や部下世代の価値観は、すべて変わっていますから、昔のやり方では通用しない可能性があります。マネジメント方法についての研修を受けていないと、一本調子になってしまう可能性があります。

⑨中高年層の割合が多く、昇進できる人が少ない

中高年層の割合か多いということは、上が詰まっていて、昇進のチャンスが少ないといいうこと。40歳になれば課長になれているはずなのに、その兆しもない。ようやく空いたポストに同期のひとりがつき、「なんであいつが？」という気持ちに苛まれる。不満が噴出しやすい環境になっているかもしれません。

⑩近年、定年退職者が多く、社内の技術力（サービス提供力）が低下している

不祥事にも関係しますが、経験や技術をもった社員が定年を迎え、会社の競争力が著しく落ちるということがあります。依然として、トップからは高い要求を求められ、しかし、提供できるサービスがない。必然的に個々の労働者に対しての要求が大きくなる。こういったことも個人のパワハラを誘発する可能性があります。

この組織のパワハラリスク度チェックも、該当項目が多いほど、組織に内在するリスクが多いということになります。これらが働く人へのストレス要因となり、パワハラを引き起こすのです。

組織のストレス反応

結局のところ、パワハラは個人だけ、あるいは環境だけの問題ではなく、相互作用なのです。

偏ったコミュニケーションや不適切なマネジメント、性格、睡眠問題、偏った価値観といった個人の要因。

成果主義やトップダウン、教育不足に人材不足、業務負荷にコミュニケーションの希薄化などの環境要因。

そして、高まる個人と組織へのストレス。

個人と職場の弱い部分にストレスが加わることで、この3つの要素が刺激し合ってパワハラが発生しやすくなります。それを変えていくためには、まず、職場環境を改善することが先決です。なぜなら、人は環境からのエネルギーを受けやすいからです。

このお話をすると、管理職の方は「そうなんだよ。環境を変えてくれないと困るんだよ」と言います。そこで、私はこうお伝えします。

「上司のみなさんこそが、職場環境なのですよ」

物理的な環境も職場環境ですが、部下からしたら、もっとも影響を受けやすい職場環境は上司です。こう言われて、「また、俺たちの仕事か……」と思わないでください。

先ほど、内的部分はコントロールできるというお話をしました。私の問題だからこそ、私が問題解決できるのです。上司が環境を悪くする原因になることもあれば、部下を成長させたり、スキルを獲得させたり、自信をつけさせたりすることができるのも上司です。

会社全体を取り巻く環境があまりよくなかったとしても、上司という職場環境がよければ、上司と部下で成り立つ現場は決して悪いものにはなりません。

上司は、パワハラの行為者にもなりうる存在ですが、同時に、職場をよくしていくこともできる立場なのです。社長や人事の悪口を言い、外的部分に責任を押しつける上司は、だいたい、部下に慕われません。上司が「職場環境とは私のことである」と考えられるようになると、よい方向へと進んでいけるはずです。

5章

マネジメントの変化とコミュニケーションの変化を知る

社会環境や職場環境、部下の価値観など、あらゆるものが変化しています。当然、時代にあったコミュニケーションスタイルやマネジメントスタイルに変えていくべきで、「昔のまま」というのであれば、今の時代とうまくマッチしていない可能性があります。そうした不適応が、パワハラを産む土壌になる可能性もあります。

コミュニケーションの変化を知る

さまざまな技術が効率化を目指し進歩し、生活は便利になりました。コミュニケーションもまた、メールやSNSなどのツールが進化・普及して、効率的に行えるようになりました。部下はデジタルネイティブ世代でこうしたインターネットコミュニケーションに対する信頼が圧倒的に高く、一方、ネットの普及以前から働いている中高年は、対面コミュニケーションを重視する。このギャップが、職場におけるストレスとなっています。

例えば、部下がクレームを受けたとき。迷惑をかけた取引先に対して、部下はメールを使ってお詫びをしようとする。そんな様子を見た上司は、なぜ、電話をしてアポをとり、直接申し訳ないという気持ちを示さないんだ！　と苛立ちや憤りを感じる。しかし、部下にしてみたら、メールのほうが落ち着いて言葉を選びながら謝意を伝えることができるし、記録にも残るわけで、何がいけないのかがわからない。

インターネットコミュニケーションか、対面コミュニケーションか。この話題になると、どちらがいいのかという話になりがちです。しかし、ネットがいいという人はネットのメリットに焦点をあて、対面コミュニケーションがいいという人は対面のメリットに焦点をあてているだけ。ネットがダメだという人は、そのデメリットに焦点をあてているに過ぎません。

どちらもうまく使えば、生活をよりよくしてくれ、仕事をうまくいかせてくれます。それぞれに正しいところがあるわけで、どちらか片方を見るのではなく、両方のメリットとデメリットを洗い出していく必要があります。

対面コミュニケーションは時間がかかりますし、相手とのやりとりの中で、言いたいことが言えなかったり、余計なことを言って相手を不快にさせてしまうことがあるかもしれません。また、直接、対峙するのは精神的な負担になることもあるでしょう。記録に残らないので、「言った」「言わない」の問題になる可能性もあります。

しかし反面、同じ時間、同じ空間を共にすることで、安心感や信頼間を互いに生むことができます。言葉だけでなく表情や身振り手振りも合わせて表現できますので、感情が伝わりやすいというメリットもあります。


一方のインターネットコミュニケーションは、時間を選ばず、わかりやすく端的に伝えたいことを伝えることができます。精神的な負担は軽く、記録に残るため、後々に確認することも可能です。

デメリットとしては、伝えるのは文字情報だけで、声のトーンや表情が見えませんので、微妙なニュアンスが伝わりにくいというのがあります。また、さすがにビジネスシーンで「メールはしません」という人は少なくなりましたが、「LINEはしません」という人はまだまだいて、誰もが共通に持っているツールではないというマイナス面もあります。

インターネットコミュニケーションは量的にアプローチできますし、対面コミュニケーションは質を高めることができる。こうしたメリットとデメリットを考えて、目的にあった手段としてどちらが最適かを考えればよいのです。偏ってしまうのはよくありません。

しかし、知っておいていただきたいのは、コミュニケーションに求められるのは、「効率」ではなく「効果」だということです。コミュニケーションは双方向ですから、効率を重視しすぎると効果が薄くなってしまいます。何か行き違いがあったときは、面と向き合ってしっかり話し合う。誤解を解き、言い過ぎたことはお詫びをし、お互いに納得する着地点を見つけ関係は深まります。しかし、フェイス　トゥ　フェイスでぶつかり合うことを避け、効率ばかりを重視すると対人関係が悪化する可能性があるのです。

技術が進歩し、多くのものが効率化されて、社会の中での物理的なストレスは相当減っている中で、人間関係においてストレスが増えているのは、コミュニケーションまで効率化しようとしたことが原因としてあげられます。

パワハラが起きる要因のひとつは、職場におけるコミュニケーション不足にあります。インターネットコミュニケーションのメリットは享受しつつも、コミュニケーションの質を上げていくことが必要です。その方法については、次章について具体的に紹介していきます。

世代間ギャップを知る

部下の世代とのギャップはコミュニケーションの手段だけではありません。そもそも、生きてきた社会が違います。上司の世代は、右肩あがりの時代に働き始めました。働くことは生活のためであり、会社のためであり、必要であれば自分を殺すことも厭わず、そもそも仕事には忍耐がつきものだと考える。

一方、成熟社会に育ってきた部下は、自分らしく生きることを望んでいますから、仕事に対して求めるのは感動や楽しさです。仕事を自分自身の成長や能力開発のツールと考えます。

熱い指導についても、上司は自らがそんな指導を受けてきましたから、疑問を持たず、むしろ好意的に受け止ますが、部下にしてみたら熱血指導そのものがパワハラ的と感じている可能性があります。意識も価値観も違うのです。それなのに、過去にとらわれすぎてはいませんか？

例えば、繁忙期に有休を申請した部下がいたとします。有休消化の目標もありますし、休むのも当然と頭ではわかっている。しかし、有休どころか代休すらとったことのない上司は、「お前、仕事進んでるのか！」「休みたいなら、仕事終わらせてからにしろよ！」と言ってしまったりする。義務と権利がセットになっていない状況の中で権利ばかりを行使され、ネガティブな感情が生まれ、あたかも、休ませないような言い方になってしまう。

与えられた権利を行使することは当然だと考える部下には、上司の価値観は理解できないですし、上司は部下に対し、自分のことばかり考えやがって、と思う。

これもどちらかが悪いとかではなく、世代間ギャップによる意識の違いです。

上司は、時代の変化を理解して、部下が権利を行使するときにちゃんと義務を果たせるように日頃から指導をしていかないといけませんし、部下は、権利だけでなく、職務に専念する、職場の秩序を乱さない、労務提供といった義務をも負っていることとを知っておくべきです。お互いに自分の中にある意識と、他人との違いを感じ、他者との関わりの中で、どう行動すべきかを考えていくことが重要なのです。

どちらの価値観が正しいかどうかではありません。「正しさ」にこだわってはいけません。それぞれの価値観はそれぞれのものなので、互いに持っている価値観を大切にする。自分の価値観を大切にし、相手の価値観も大切にすればいいのです。

上司にとって重要なのは、部下がどんな価値観を持っているのかを知ることです。コミュニケーションは相手があるものです。自分の価値観、自分の考えだけで進めようとしてもうまくいくものではありません。働くことに対してどんな価値観を持っているのか、それがいいか悪いかではなく、相手の価値観で対話を展開すると相手は受け入れやすくなるものです。

マネジメントの変化を知る

変化の時代、マネジメントは、「集団を管理する」から「個別に管理する」流れに変わっています。

「集団管理」は、高度成長社会において成立できた手法で、終身雇用で年功序列型賃金。人材モデルは画一的で、ほとんどが新卒採用で男性中心でした。その管理の基本的機能は、「命令」です。

なぜ、命令に従わせることができたのかというと、働く社員に対して「外発的動機付け」があったからです。命令に従えば、会社はちゃんと昇進昇給させ、定年までの生涯の雇用を保障し、報酬を与え続けてくれる。外からの刺激によって部下の動機付けができたので、命令してそれに従うという関係が機能していました。

しかし今、会社は与え続けることができなくなっています。昇進といっても上は詰まっているし、昇給もボーナスも期待できない。会社は与えることができなくなり、一方、与えられる側の若手社員のほうも、仕事で得られる報酬よりも自分らしい生活に価値を置いている。

与えられないし、求めてもいない。外発的動機付けがそもそも機能しないわけですから、一方的に命令してもうまくいくはずがありません。

また、経済は低成長、雇用環境は流動化していて、人手不足という状況もあり、今の会社を辞めても職がある。我慢する時代ではなくなりました。処遇面では、成果主義、実力主義が声高に言われ、職場の協調性よりも個人が尊重されている。人材モデルは多様性を帯び、年上部下がいて、女性管理職もいる。ワーキングマザーがいれば、外国人の従業員も珍しくありません。この多様性――ダイバーシティの中、「集団管理」が機能するはずもなく、個を大切にする若手従業員に、命令して従えなんて言っても無理があるわけです。

管理の基本が、集団管理の「命令」から個別管理の「動機付け」――自らやりたいと思い、動くための「内発的動機付け」へと変わってきています。上司が達成感を感じさせてあげたり、承認してあげたり、共感してあげたり、部下の内的な部分を大事にし、そこを充足させてあげる。「やれ！」と命令されてやるのではなく、自らが「成長したい」「貢献したい」と思い、自発的に動く。そのように関わり、働きかけていくことが、今のマネジメントに求められているスタイルなのです。

外発的動機付けには即効性があります。すぐにお金をあげれば、すぐに満足度はあがります。しかし、与え続けないと満足度は持続しません。効果が出やすいものはすぐに効果がなくなるものです。

一方、内発的動機付けは、その効果が出るまでには時間がかかりますが、だからこそいいのです。自ら動き成し遂げたときの達成感を知った人間は、常に新たな課題を見つけ、自ら動くようになります。

組織が持続的に目標達成を目指していくとき、外発的動機付けには、経済環境的にも部下の価値観的にも限界があることはおわかりでしょう。

パワーを建設的に使う

職務権限、経験、正当性、専門性など、職場にはさまざまなパワーがあります。自分の持っているそのパワーを、不当行為として「出力」したとき、パワハラとなります。

現在、30種類以上のハラスメントがあると言われています。これらのハラスメントに「パワー」がくっつくと「パワハラ」となります。セクハラやマタハラの中には、形を変えたパワハラであるケースも少なくありません。

セクハラには「環境型セクハラ」と「対価型セクハラ」の2種類があります。環境型セクハラは性的な言動により相手や職場の環境を悪化させるというものです。例えば、性的な冗談や容姿などについてのうわさ話、性的なポスターや雑誌などを置いたりして、不快感を与える行為のことを言います。

一方、対価型セクハラは、自分の優位性を使って行うセクハラです。自分の性的な言動に対し相手が拒否を示したとき、自分の立場や権限を使い労働条件に不利益を与える。例えば、男性上司が女性の部下を食事に誘い、部下は「二人きりでは行けません」と断ったとします。上司はバカにされたように思い、女性部下に配置転換を命じる、といったケースが対価型セクハラです。

環境型セクハラは、職場での立場とは無関係で起こりますが、対価型セクハラは仕事での優位性（パワー）を使っているのでパワハラ型のセクハラとなります。

マタハラにも、パワハラ型マタハラというのがあります。「休むような人間はいらない」と言ったり、時短勤務をする部下に仕事をさせなかったり。妊娠、出産、育児をする部下に対する嫌がらせで、上司の立場を利用したものはパワハラの一種です。

その他にも、フェイスブックなどSNS上で、友だち申請を強要したり、「いいね」などの反応を求めるソーシャルハラスメント、「ソーハラ」。これも上司と部下の関係を持ち込むと、パワハラになりやすくなります。

また、1章で判例をご紹介しましたが、アルコールを強要するアルコールハラスメント、「アルハラ」も不当行為であり、上司が行うとパワハラ認定されます。40代、50代の上司が若かったころには、「一気」のかけ声とともにお酒を煽り、「吐けば飲める」なんてことが当たり前に言われていました。しかし、今は完全にアウトです。

上司が持つパワーは使い方をまちがえるとさまざまなハラスメントと合体し、人を追いこむということです。

しかし、自分の持っているパワーをマネジメントに使えば、それは適切な指導になります。パワーによって、職場に秩序が生まれ、部下を動機付けることができる。秩序を形成する、動機付けるという目的に対して、パワーマネジメントは適切な手段です。

また、あなたの持っているパワーをコミュニケーションに使えば、それは部下との関係を深めるものとなります。適切に発信し、部下からの問いに応答する。部下の意見に疑問があったとしてもしっかり聴いてあげる。「何か力になれることある？」といったパワーを使った声掛けは、部下に気付きと安心感を与えます。

セクハラの場合、セクシュアルな行為はいかなる場合も許されません。しかし、パワハラの場合、上司の「パワー」自体は否定されるものではありません。これがセクハラとパワハラの大きな違いになります。

パワーを人を壊すために使うのか、人を活かすために使うのか。パワーコミュニケーションとパワーマネジメントは必要であり、パワー自体を否定してはいけないのです。

しかし、「パワハラをしてはいけない」と意識しすぎて、萎縮してしまう管理職も少なくありません。パワハラはないけれど、マネジメントもコミュニケーションもない。そんな職場が増えていて、今、問題になっています。

パワーマネジメントができなければ、秩序がなくなります。秩序がない中で多様性は実現しません。多様性があって秩序がない職場は、働きにくくて仕方ありません。皆が自分勝手に「自分らしさ」を主張し、ルールを守らなくなったら、そこはもう、働く場所ではなくなってしまいます。

パワー全体を否定してしまうと、パワーコミュニケーションとパワーマネジメントができなくなるので、秩序も相談しやすい関係もなくなる。

日頃から、パワーの出力の仕方が不当行為のほうにいかないように明確な意識を持ち、パワーの出力の仕方を学んでいく。パワーマネジメント、パワーコミュニケーションの出力回路を鍛えるのです。

パワーハラスメントのパワーをすべてなくそうとすると、その人の強みも消えてしまいます。パワハラをしてしまう人は、成果を上げ、結果を残している人が少なくありません。そういう人は必ず、何かしら強みをもっています。

恫喝型のパワハラをする人は、仕事に熱い情熱を持っていること多いものです。いけないのは、怒りの感情をぶつけることです。しかし、「怒らないように」「怒らないように」と仕事への情熱自体を消してしまうと、その人の強みも消えてしまいます。理詰め型の人も同様です。パワーを単純に抑えると強みも消える。「あの人、元気なくなったね」で終わってしまう。パワハラはしていないけれど、元気もない。

残しておく部分と活かす部分、改める部分を分けて考えることが大切です。

そのパワーが相手を動機付けたのであれば、パワーは全開でいきましょう。自尊心を傷つけたとなったら、そのパワーは出力停止。そんなコントロールが必要になるわけです。パワーも分解して考えていきましょう。

6章

部下を動機付ける上司となるために

ここまで、パワハラの定義を整理し、パワハラが生まれる背景となるストレスとその解消法、ストレスを生む変化と対応についてお話をしてきました。正しさにこだわるのではなく、感情に寄り添い、部下をやる気にさせるマネジメントを意識していれば、パワハラは起きにくくなります。

本章では私がもっともお伝えしたい、「パワハラをしない上司」ではなく、「部下を動機付ける上司」となるための方法論をご紹介していきます。

会社には必ず目標があり、目標を達成しなくてはいけないというプレッシャーもあります。しかし、部下が消極的でやる気が見られず、結果に結びつかないという問題に直面している上司は少なくないでしょう

「動機付ける」というのは、自発的に行動を起こさせ、その行動を目標へと導いていくものです。部下といっても、一人ひとり個性があり、成熟度や性格傾向などまるで異なります。しかし、これからお話する「8つのステップ」は非常に汎用性が高いものです。ある特定のタイプにしか当てはまらない、というものではありません。

人間の中にある本能や欲求、感情に直接働きかけ、人間を動機付けるメソッドで、現在のマネジメントスタイルの基礎となります。この「部下を動機付ける8つのステップ」

は、「部下との関わり方のバイブル」となるはずです。

ステップ1　観察する

すべての出発点となるのが、部下の観察です。人は自分の欲求によって動機付けられるものです。部下を動かす欲求や価値観を知らなければ、動機付けることはできません。それには、観察が大事になるわけです。

部下の評価を、その態度や表情、文章など目に見える領域で判断しがちです。しかし、大切なものは目に見えているものではありません。目に見えない内なる何かが、目に見えるものとして外に表れているのです。目に見えるものがネガティブであっても、ポジティブな内面があるかもしれない。見えていないものの中に部下を動機付ける要素が隠されています。

本質は目に見えないところにあると意識して、対話を通じて、部下の考え方、欲求、性格、気持ち、価値観をつかんでいきましょう。

ここをつかむことができれば、関係性は非常によくなります。態度や行動、技術が悪くても、そこに内在する本人の納得できない気持ちや葛藤、価値観を理解できたら、本人と一緒に求めている形ややり方を模索することができます。すると、目に見えるものが変わってくる。

見えているものを観察し、背景をつかみ、そこにアプローチしていくのです。

ステップ2　挨拶・声掛けを強化する

部下を動機付けるためには、ある程度、関係性が良好であることが前提となります。そもそも、人はネガティブ感情を抱いている人の言葉に耳を傾けません。関係性が悪いままでは、動機付けることは難しいのです。

では、部下にポジティブな感情を抱いてもらうためには、どうしたらいいのでしょうか？

部下との関係性を築くのがステップ2。挨拶・声掛けを強化する、ということです。普段からそれなりには行っていることだと思いますが、それを、さらに質・量ともに上げていくのです。

昔はゆとりもあったので、上司は部下を飲みに誘い、いわゆる飲ミュニケーションを大事にしていました。しかし、今の部下は必ずしも、こうした関わりを求めていなかったりもします。

職場のコミュニケーションが希薄になり、関係性がうまく築けない、と思いがちですが、実はコミュニケーションの効果は、時間の長さと関係がありません。大切なのは頻度で、挨拶や声掛けといった、その人と接点——コンタクトの回数を多くとることによって、相手との関係を良好にすることができます。

世界的に有名なアメリカの社会心理学者ロバート・ザイアンスは、実験の結果、「人間関係は接触頻度が多いほどよくなり、少なければ悪化する」という「単純接触の法則」を発表しました。

大切なのは、ちょっとしたコンタクトで、その頻度を上げること。人は繰り返し、視界に入る人に対し、自然と好意を抱くようになります。また、長時間、話し込むと価値観のズレを感じてしまって、ネガティブな感情が出やすいのですが、短時間であれば、そんな心配もありません。

今、当たり前にやっている挨拶や声掛けの回数を増やす。あるいは、そのときに、名前を付けて呼びかける。少し質を高めたり、少し量を増やすだけで、自分の印象をよくすることができます。「見た」ということだけでもワンコンタクトとなるので、職場を巡回して相手の目にとまるだけでも印象がよくなります。そこで一声かけてあげるとさらに効果的です。

「コミュニケーションを十分にとってくださいね」と言われるとハードルが高く感じるでしょう。働き方改革といわれ就業時間内の業務量が増えている今、毎週1時間すべての部下と面談することは難しいかと思います。

しかし、コミュニケーションを分解していくと、挨拶は必ず入ってきます。一番小さなコミュニケーション行動である挨拶をちょっとだけ増やす。これは現実的なのではないでしょうか。

余談ですが、セミナーでこの話をしたとき、「嫁と毎日コンタクトをとっているのに、関係が悪いんだよね」とおっしゃった方がいました。それも、当然なことで、残念なことに、「単純接触の法則」は身近な人には通用しないと言われています。

部下は身近だけれど、互いによく知っているわけではありません。だから、コンタクトが大事になります。しかし、妻はひとつ屋根の下で暮らしていますので、単純接触もなにもありません。もっとも、夫婦のコミュニケーションが単純接触だけになってしまっているから、関係がよくないのかもしれません。

関係性を築けていれば、単純接触は必要がなく、これから関係を築いていく相手に、挨拶や声かけといった小さなコンタクトはとても有効です。

ステップ3　肯定的なメッセージを送る

ステップ3は、メッセージは肯定的な言葉で、ということです。

部下はよい行動もすれば悪い行動もします。悪い行動をしたときには、適切に叱る。これはパワーマネジメントです。「適切に叱る」とき、気をつけるべきことが3つあります。感情的にならないこと、レッテル貼りをしないこと。人間ではなく行動を叱る、ということです。

叱るというのは本来、理性を伴った教育的な行為です。感情的になってはいけません。

感情的になると怒りが前面に出てしまい、極めてパワハラに近くなってしまう。

レッテル貼りがよくないのは、人は「君はこうだ！」と言われ続けると、人はその状態を維持しようとしてしまうからです。社会心理学ではこれをラベリング効果と言います。例えば、「君はホントにダメな奴だ」と他者から何度も言われると、「私はダメな人間だ」という情報が無意識の中に入り、セルフイメージが「ダメな人間」になってしまうのです。人間はよくも悪くも矛盾を嫌いますので、ダメな自分がよい行動をとると矛盾が生じてしまうため、無意識的にダメな行動をとるようになってしまうのです。

そして、叱る言葉は人間ではなく行動に向ける。「遅刻ばかりしないで、時間を守りなさい」というのは、行動を叱っていますから、これは指導です。しかし、「遅刻ばかりして、時間を守れないキミは、ダメ人間だ！」というのは人格否定になります。人格否定はパワハラになります。

ときに叱ることも大切ですが、叱り方に注意が必要なのです。

しかし、叱られてばかりいたら、人は自信を失います。また、自分のことを否定ばかりする人に対して、好意を抱くわけがありません。悪い行動だからといって、重箱の隅を突つくような細かいところまで指摘すると、部下を消極的にさせてしまいデメリットのほうが大きくなります。

悪い行動に対して、必要なところでは叱る一方で、よい行動にも焦点を当てていきましょう。

「最近、頑張っているね。」
「気持ちのいい挨拶だね」
「ここまで順調だね」

こうした肯定的なメッセージによって、部下は「評価された」という結果を獲得します。認められると気持ちがよくなり、その行動を繰り返そうとします。

悪い行動を減らすという働きかけよりも、よい行動を増やそうという働きかけのほうが、よい行動が強化されます。結果として、上司が望む行動をしてくれるようになる。肯定的メッセージ、肯定的評価が大切なのです。

人間は自分の意識しているところを見ます。悪いところを意識すると細かなミスも目につきますし、逆によいところを意識している人は、人の悪いところが見えにくくなります。

上司には失敗してはいけないという思いが強いので、どうしても、悪い行動に焦点が当たりがちです。言うべきときは、叱ることも必要ですが、誰も気付いていないようなことを指摘して、「君のために言っているんだ」と言っても、自分のことが心配だから言っているだけでしょ、と見透かされてしまいます。

「ダメなところを正して、部下にもっと成長を」という気持ちだったとしても、結果的に悪い行動を増やしている可能性があるのです。

例えば、報告書を見て、よくできていれば、「○○の部分が、わかりやすいね」と評価し、課題があれば、「ここを工夫するともっとよくなるよ」と言ってあげれば、やる気になります。しかし、いいところもあるのに、「ここがダメ」「あそこがダメ」と、悪いところばかりを指摘するとやる気がなくなってしまいます。

人は、否定されるより、肯定されたいものです。部下のよい行動を見逃さず声を掛けるよう心がけることです。それができると、部下は「こんな小さなことにも気付いてくれた」と思いますし、あなたがちゃんと関心を持って見ているということを伝えることができます。

部下のよい行動を伝えるときに、どういう言葉を選ぶのかも重要です。肯定的な気持ちを持っていながら、言葉にしたときネガティブな表現になってしまう人は少なくありません。

例えば、部下に仕事を依頼して、「時間がかかってしまったみたいで、忙しい中、無理に頼んで悪かったな」「大変だったみたいだな」と心の中で思っていたとします。労いの気持ちを伝えようと思いながら、なぜか「すごく時間かかったね」と表現してしまったりする。

そう言われた部下は、複雑です。「頑張ったんですけど……」と、言葉を濁しながら言うかもしれません。内心、「確かに時間はかかったけど……仕事が遅いって言いたいわけ!?」と思っているかもしれません。

こうした、発信側の意図と受信側の解釈にズレがあることはよくあるものです。上司が伝えたかったのは労いなのに、実際に伝える言葉を間違ったために、部下は非難として受け止めてしまう。

私たちは、発信者の「意図」ではなく、「言葉」の方に反応します。自分の思っていることをどう表現したら相手に伝わるのかということは、意識しなくてはいけません。

コミュニケーションは「伝える」という行為だけで完結するのではなく、相手に「伝わって」はじめて成立します。「伝わる」ことがクロージングなのです。

「言いましたよね」「言っていません」というのは、確かに「伝えた」という行為はあったのでしょう。でも、伝えただけではコミュニケーションではありません。それは、一方的な発信に過ぎないのです。

肯定的な思いがあるなら、肯定的な言葉を選び発信する。伝わる言葉、伝わる態度でなければ、相手にはちゃんと届かないということを意識しましょう。

ステップ4　受容性を高める

部下を観察し、挨拶や声かけをこまめに増やす。叱るべき行動には適切に叱りつつも、よい行動に注目をして肯定的なメッセージを送る。これを意識して行っていくだけでも、部下との距離は縮まっていくはずです。

そして、ここから先は、コミュニケーションの達人の領域になります。次は「受容性を高めていく」ステップです。

受容には「理解」が必要

良好なコミュニケーションとは、次のような流れで成立します。

話し手は自分が考えていることや気持ちを、丁寧に伝えます。丁寧に伝えれば、聞き手側に届きます。聞こえたことを「理解」し、理解できると「受容」することができます。受け入れることができた聞き手は、丁寧に「応答」します。

話し手が丁寧に伝えることも大切ですが、実は聞き手側の受け止め方のほうが重要です。聞こえてきたものを「理解」して、「受容」するかしないかで、良好なコミュニケーションが成立するかどうかが決まるのです。

理解できることが受容の条件で、受容できると適切な応答ができるわけです。

しかし、人それぞれ、年齢・性別・性格・経験・実績・考え方・役割などに応じて、自分の中に判断の枠組みを形成しています。人は必ず、その判断の枠組みを介して相手の言葉や行動を受け止めているものです。同じ共通言語で話していても、他者とは違う枠組みを持っているので、どうしてもズレが生じてしまいます。

コミュニケーションをするときは、自分が思っているように必ずしも相手は受け止めないということを前提にする。そして、相手がどんな枠組みを持っているのか理解しておく必要があるのです。

相手の思考や感情、欲求などは目に見えません。相手がどんな気持ちなのか、どんな欲求なのかということをできるだけ、理解しようとすればするほど、受容につながります。ここでも必要になるのは、ステップ1の観察です。

部下から「仕事に対して積極的になれない」と言われ、その言葉だけを切りとれば、「何を言っているんだ！」ということになります。

しかし、よくよく話を聞き、最近、子育てに悩みがあるということがわかれば、「大変だったんだな」「頑張ってるんだな」ということにもなる。

相手との対話の中で、状況をつかんだり、気持ちを理解したり、欲求を把握したりできると、受容できるようになります。できるだけ相手を知る。見えない内面も問いかけによって理解する。相手に関心を持ち、理解する。聞き手側にはこうした受容の姿勢が大事なのです。

もちろん、不適切な行動まで受容しろということではありません。本人の気持ちや価値観、大切なものを受け入れるのです。

理解を絶対条件にしない

一方で、理解にも限界はあります。たくさんいる部下の中には、どうしても理解できない人はいるでしょう。それは、夫婦関係でも親子関係でもあるものです。しかし、その人たちと一緒に生きていかなくてはなりません。理解を絶対条件にしていると、受容できなくなってしまいます。

例えば、犯罪者を対象にカウンセリングを行うカウンセラーもいます。犯罪をしたということに対して理解はできません。でも、その人の存在を受けとめていくのです。

罪を犯したことを理解するということは飛ばして、その人を受容するのです。目の前の人は、困っている人であるということを前提として、その人の心にあるものをカウンセラーという立場で聞いてあげるとなれば、受容することができる。

理解する努力は必要ですが、理解するという過程を飛ばしてしまうこともできるのです。まったくタイプの異なる上司と部下がうまくいっているとき、こうした理解を飛ばしてしまっていることがあります。

そんな上司はこんなことを言います。

「何を考えているのかまったくわからない。でも、自分の部下だから」

これはもはや、達人の域といってもいいほどですが、敵だと思ってしまったら、理解することも受け入れることもできません。しかし、大切な仲間だと思ったら、受け入れられるのではないでしょうか。それを、「君は違っている！」と拒絶し、全否定したら、人は絶対に動いてはくれません。

相手を理解しようと努力する。ただし、理解できないこともあるので、思い切って理解という条件を捨てると、人を選ばずうまくいくものです。

「大切な部下である」というのを前提としたとき、必ずしも理解を絶対なものにしなくてもいい。目の前にいるのは誰なんだ？　ということです。目の前にいるのは対等なパートナーであり、大切な部下である。対等であると思えた瞬間、受け入れる用意が整ったといえるでしょう。

アクションとリアクション

受容はコミュニケーションにとって、重要な要素です。セミナーなどで、「親子関係や夫婦関係で受容ができるようになったら、部下に対しては簡単ですよ」と話すと、笑いが起きます。

受容とは、自分の存在を受け入れてくれること。つまり、パワハラとは真逆の行為です。では次に、部下側が上司からの仕事の要求をどう受け止めるのか、パワハラとの関係を考えていきましょう。

仕事への要求が業務の適正な範囲外だったとき。コミュニケーションがうまくとれていない上司から、業務の適正な範囲外の仕事の要求があったとき、部下は当然、「反発」します。このとき、「パワハラ」という言葉が出てきます。

しかし、コミュニケーションがとれている上司からの命令が、本来の業務から逸脱していたとき、部下は「混乱」します。

自分のことをよく理解してくれる、話もわかってくれる上司が言うことだけれど、仕事とはまったく関係ない、あるいは、不適切な行為を命じられたりしたら、葛藤もするでしょう。混乱し葛藤はするけれども、「パワハラ」という言葉はあがりにくい。そして、その状態に次第に慣れ、おかしいとは思えなくなり、パワハラ行為が常態化してしまいます。

行為自体がパワハラ的であっても、「パワハラです！」という訴えが出るか出ないかは、関係性によって変わってくるのです。もちろん、関係性が大事だといっても、上司からの仕事の要求は常に業務の適正な範囲内であるべきなのは大前提ですが。

では、上司からの仕事の要求が、業務の適正な範囲内で、部下との関わり方が上司からの一方通行だった場合はどうなるでしょうか。

業務と関連するので、部下は理解し、行動に移します。しかし、一方的な指示命令ばかりが続くと、部下は上司に依存してしまいます。積極的でなくなり、指示命令に従って動くロボットになってしまう。これはよいマネジメントではありません。
そして、部下があまりに従順すぎると、上司のパワーが大きくなり、そのパワーを適正に行使しなくなる。業務外のことを命じるなど、パワハラ行為に移行しやすくなります。適正な範囲内だったとしても、関係性次第でパワハラへと移行するリスクがあるのです。

部下は納得し受容できるのは、仕事への要求が業務の適正な範囲内であり、コミュニケーションが双方向でうまくいっているときです。上司から部下へ、部下から上司へ、双方向性のやりとりが成立していることが重要で、コミュニケーションを大切にするということが部下の受容度を高めるのです。

つまり、部下が納得して仕事をするかどうかは、指示命令をする上司の関わり方で決まるのです。上司のアクションに対して、部下のリアクションがあるわけです。アクションがよければ、リアクションもよくなります。アクションが悪ければ、リアクションだって悪くなります。

アクションに応じて、リアクションがあるということを理解すれば、「部下が悪い」と言っても、自分のアクションにも悪いところがあったのではないか？と気付くことができるのではないでしょうか。

仕事も人と人とが関わりながら行っていることです。そこには当然、人の気持ちが含まれます。自分の気持ちを押し付けるのではなく、部下の話にも耳を傾ける。自分というものはとりあえず抑えて、部下の話をじっくり聴いてあげる。それができれば、部下は自分が大切にされている、上司は聞く耳を持ってくれていると思える。コミュニケーションによって、相手は変わっていくのです。

ステップ5　共感性を高める

受容性とセットになるのが、共感性です。共感はしているけれど、受け入れていないということはありません。しかし、受容はしたけれど、共感はしない、受容だけで終わっているということはあります。

人間は共感を求めています。でも、足りていません。自分が求めているほどには、人は共感してくれないのです。それは、仕方のないことで、あなたのことをいちばんわかって

いるのは、あなた自身。他人はあなたほどに、あなたのことを知らないですし、あなたよ
り、自分自身に関心があるのは当然だからです。

もちろん、対人関係の中で共感を得られることがあります。でも、それは必ずしも深い共感ばかりではありません。部下も同じです。「共感、ください」とは言いませんが、無意識に求めているのです。

ではどうしたらいいのか？　そもそも共感とは相手の立場や状況を把握し、気持ちを理解するということです。

共感には言語と非言語の2種類があります。言語の共感は、「大変な苦労をされてきたのですね」「つらいことに耐えてこられましたね」など、さまざまな言葉で表すこと。

共感の非言語とは、例えば、温かい眼差しとか深いうなずきといったものです。この言語と非言語がひとつになって共感を示すことができるのですが、人はどちらをより信じるのかというと非言語を信じます。それは、人間というのは五感の中で視覚情報、目から見た情報を処理する能力が高いためです。

「大変なご苦労をされたんですね」という言葉を口にしたとしても、どれほど「心配で

す」と繰り返し言ったとしても、表情や態度が伴わなければ、「言葉だけで適当に言っているな」と思われてしまいます。逆に言えば、言葉を発しなくても、ものすごく深く頷かれたら、それは深い共感の意として伝わります。

男性に顕著なのですが、人は言葉に頼りすぎてしまっているのです。「大変だったね」と言葉だけであっさり発信する。言葉では共感しているのに、それでは伝わらないのです。穏やかに微笑みながら、深く深く「大変だったね」と言ってもらえれば、部下は自分の気持ちを共に感じてくれているなと思う。

是非、非言語の共感を意識してみてください。

共感の重要性は頭で理解できても、なかなか実行に移せないようです。「共感しだしたら部下を叱れなくなってしまうのではないか」と言う方がいましたし、はっきりと「共感したら負けだ」と言い切った方もいました。なぜ、勝ち負けで考えるのでしょう。これが白黒思考で、まさに、パワハラのリスクを内在化している発言です。

こうした人たちは、共感することの恐れを無意識で感じているのか、共感することのデメリットに焦点を当ててしまっているのだと思います。しかし、デメリットよりも共感することによるメリットのほうが計り知れません。

受容と共感は人間が求める根源的な欲求です。そこからアプローチすれば、ほとんどの部下の気持ちが動いてくれる。わかり合えることができるのです。


では、どう共感を表すのかというと、そんなに難しいことはありません。相手の感情に対して応答してあげればいいのです。

「最近、つらいことが多くて」と言うのであれば、「つらいんだね」と応答する。

「なんだか割り切れないことが多くて」と言うのであれば、「そうか。割り切れないことが多いんだね」と応える。相手の感情に対し、その感情をそのまま相手に対して伝え返してあげればいいのです。


部下が「つらい」といった自身の感情を言葉にしないこともあります。例えば、「失敗してしまって……」と告白されたとき、これは事柄の説明であり、感情は表れていません。そこで共感するには、「失敗した」と言っているその人の表情を見て、「つらそうだな」と思ったら、「仕事で失敗して、つらかったですか?」と、その人の気持ちを感じて、それを伝え返してあげる。

つらいように思えるんだけれども、その人はつらいのではなく違った感情かもしれない。「つらいというより、悲しいんです」と応えるかもしれません。感情が出てきましたので、「悲しいんだね」と伝え返す。

説明の中に感情を出さない男性は、少なくありません。しかし、事柄の説明の裏には必ず感情が付いていますから、それを感じ取って問いかけるのです。

質問されたら人間は考えます。「俺はつらいのか?」と考え、「いや、つらいんじゃない。悔しい」と言うかもしれない。その言葉を受けて、「どうして悔しいのですか?」「どんなふうに悔しいの?」と、相手の悔しいという感情にかかわってあげる。すると、自分のことをよくわかってくれる人と認識してもらえ、仲間になることができます。こちらが相手を観察してあげて、どんな気持ちになっているのかと関心を持って聞いてあげるということが、そもそも共感的な態度なわけです

同意できないと共感できないという人がいますが、共感と同意・同感は別物です。あなたの気持ちや考えとは違っても、その人がその気持ちになったのは真実です。

自分はそういう気持ちにはならないと内心思ったとしても、「○○の気持ちなんだね」

と言ってあげるのです。同意・同感できなくても、共感することはできる。これを誤解している人は多く、だからこそ、「共感したら負け」という考えになってしまうのです。

共感力をあげるにはどうしたらいいのかというと、いちばんは自分が共感されることです。人に褒められ認めたりすると、「うれしい」という気持ちが動きます。「これはいいな」と思った瞬間、人は自分もそれを行おうとします。共感される体験を通して、共感の大切さを知り、共感しようという気持ちが得られるのです。

共感されることは重要で、共感仲間を探すといいと思います。みんな、共感されたいのです。残念なのは、パワーを持っている人は常に共感されていて、おかしなことをやっても否定されない。そのために勘違いしてしまうのです。

共感性を高めると、相手にわかってもらえたという安心感を与えます。相手の意欲を高め、対話も促進されます。受容・共感できる上司というのは、部下からも受容・共感される存在となるのです。

ステップ6　問いかける技術

ステップ1〜5はコミュニケーションに関してでしたが、ここからは、マネジメントにも関わるスキルになります。ステップ6は、部下へ問いかける技術です。

上司が自分の優位性に重点をおくと、命令・追及型の発話になります。パワーを使って命令や追求をするので、質問の仕方が「クローズドクエスチョン」になりがちです。クローズドクエスチョンというのは、イエスかノーで答えられる質問です。

イエスかノーか。聞きたいことだけを聞く。「自分が聞きたいこと以外は聞かないよ」というスタンスです。警察の尋問をイメージするとわかりやすいでしょう。自白してもらいたいので、「やったんだよな?」と問い掛ける。

「すぐに、○○しなさい!」「なぜ、失敗したんだ?」といった言い方が典型ですが、極めて、一方的なコミュニケーションです。「なぜ+否定形」の問いかけをしても、相手をリングのコーナーに追いつめるだけで、よい答えは返ってきません。

人間は追いこまれると動物的な行動をとります。理性的に考えられたら選択肢も出てくるのですが、追いこまれると闘う（反発）か回避（逃げる）といった反応になりがちです。よりよい、適応的な行動がとれなくなってしまいます。

また、「なぜ失敗したんだ？」というのは原因志向で、過去に焦点が当たっています。「お前の失敗を追求するぞ」といったメッセージですから、相手は萎縮してしまいます。過去は変えられないものです。何をどうやっても変えられない部分に焦点を当てられるのはきついものです。

しかし、この命令・追及型の問いかけにはプラス面もあって、行動は迅速になります。「すぐに、〇〇しなさい！」と言われたら「はい！」と行動に移すでしょう。ただ、これを繰り返していると、部下は指示待ち、依存体質になってしまいます。

自分の指示命令を聞く部下に対し、上司の評価は悪くはありませんが、言われたことしかできないわけですから高評価にはなりません。一方、部下の自己評価は、上司の言った通りに動いているだけなので上がることはないですし、言われたことはちゃんとやっているので低くもないということになります。

自分の優位性を使って部下を追い込み、パワーで動かす「命令追求型」と対照的なのが、部下の主体性（内省）に重点を置いて、部下のパワーを引き出す「問いかけ型」です。

これは、部下への内発的動機付けのひとつのアクションです。部下の中にあるもの、主体的なものを引き出していくのです。

部下自身で考え、語ってもらうために、質問はオープンクエスチョンで行います。イエスかノーだけでは答えられない問いかけは、部下にさまざまな回答の余地を与えることができます。

例えば、部下が失敗したとき。「どうやったら、うまくいくと思う？」「何から始めればいいと思う？」。こういった質問の仕方は、過去に焦点が当たっていた原因思考と違い、「これから」を考える解決志向です。

未来に焦点を当てるのです。失敗したという過去は変えられないけど、未来は自分で変えることができます。未来に焦点が当たっているということは、自分の中にゆとりが生まれ、気持ちが明るくなる。

人は責められると自己防衛が働きますが、ゆとりを与えられると内省しやすくなります。結果、失敗の原因は「確認が不足していたかも」「仕事の進め方が雑な部分があった」などと分析することができます。こうした、部下の内省を支援してあげるのです。

問いかけ型にも、プラス面とマイナス面があります。部下の気付きを促し、自発的な行動につながりやすいというメリットがあります。人間は自発的な行動を達成し、承認されたときに喜びが最大化されますから、部下は仕事へのやりがいも感じやすくなるでしょう。

しかし、自発的な行動を促すための、気付きを待たなくてはなりません。上司には粘り強さも必要となります。つまり、時間がかかるというマイナス面があるのです。しかし、やはり時間がかかるからこそいいのです。

上司から部下への評価は、自分で気付いて行動したわけですので、「よくやった」となりますし、部下自身も自発的に行動できたので自己評価も上がります。

受容性と共感性をあげ、問いかけへとつなげていただきたいのです。例えば、部下から「取引先から無茶な要求が続いているんです」と言われたら、まずは受容します。「そうか、無茶な要求が続いているんだね」と受け入れ、そして、「それは大変だな」と共感する。そして、ここから問いかけるのです。

「じゃあその無茶な要求に対して、君はどうすればいいと思う?」

上司は、ここで、「それをなんとかするのがお前の仕事だろう」などと言ってしまいがちです。あるいは、「取引先は無茶なことを言うものだ」「それをなんとかして成長するんだ」などと、単に正しいことを言ってしまう。正しいことは必ずしもいいことではないということは、本書で繰り返し指摘してきました。

受容→共感→問いかけへという展開が成立する大前提として、部下が上司の言葉を素直に好意的に受け止められる関係であることが必要です。

ステップ1でお話した「観察」によって、部下が求めている問いかけができます。ステップ2の「コンタクト」によって、部下との間である程度の関係が築けていることが必要で、その上に、受容→共感という流れがあるのです。

ステップ7　適切な目標設定

次のステップは、部下に適切な目標を与えるということです。目標がないと動機付けもできません。しかし、ただ目標があればいいわけではなく、少し高めの目標を設定することが重要です。

部下の能力や経験とかけ離れた程度の低い目標設定は、過小な要求になります。一方、遂行不可能なことを強制する高過ぎる目標は、過大な要求です。過小な要求も過大な要求も、パワハラの行為類型に当てはまります。そんな目標を与えられた部下は混乱・葛藤してしまいます。

適切な目標とは、まずは本来業務の適正な範囲内であることが大前提です。その上で、本人の能力よりやや高めの課題を与える。これは、部下にとっては挑戦となります。「ちょっと背伸びをすれば、いけるかもしれない！」――こうした挑戦による「ストレッチ経験」が成長を促すのです。

「ストレッチ経験」は、モチベーションマネジメントでよく用いられるものです。人は誰しも成長したいと思っています。しかし、「絶対、無理！」と思うものは早々に諦めてしまいますし、「こんなの余裕～」というものでは全力を出しません。それぞれに、ちょっと高めの目標を設定してあげる。つまり、目標は一律ではダメだということです。

仕事の意味付け

もうひとつ、部下の能力や欲求と目標を重ねることも重要です。部下の欲求と合致した目標は、部下にとっては「意味のある目標」になります。欲求とはまったく関係のないものですと、意味のない目標になります。意味のない目標を人間は真剣に追いかけません。普段から観察していると、部下が「この仕事、意味ないな〜」と感じる業務でも、部下の仕事に対する価値観につなげて意味付けしてあげることができるはずです。

例えば、仕事に成長を求めている部下であれば、「毎年、この仕事を担当した人は、みんな、最後は『成長した』と言っているよ」と言い添える。

自分の能力を伸ばしたいという部下なら、「この仕事は、自分ではやりたくない仕事かもしれないけれど、○○さんが望んでいた能力開発につながるよ」と伝えてあげる。

部下の働くことに対する価値観を知り、求めていることを探り、それを仕事と結びつけるのです。意味付けしてあげれば、それが自分の目標に置き換わります。

マネジメントというのは、個人の目標と集団の目標を重ねるプロセスが不可欠です。それが動機付けるということでもあるのです。

達成感を自己効力感へ

上司が「目標を達成するのは当たり前」という態度では、部下を動機付けることはできません。高めに設定した目標を成し遂げたとき、達成感が生まれますし、成果をキチンと評価することで、部下の自己効力感をあげることができます。自己効力感とは、自分の能力に対する自己評価のことです。「自分はここまでできるんだ」「もう少し、やれそうだ」という自己効力感は次への意欲につながります。

人間は達成感だけでストレスを減らすことができます。加えて、何かを成し遂げると、脳内物質のドーパミンがでて「気持ちがいい」という感覚を得ます。そして、その気持ちのいいことを繰り返そうとする。再び、チャレンジしようと意欲的になる。

目標を定めたら、評価することが大事なのです。同時に、目に見えない部分を認めることも必要です。

「年間の目標がクリアできた」。これは定量的な目に見える目標です。それは正当な評価として大事ですが、ステップ1でお話しした観察によって得た情報を使って、目標を達成したときに、定性的な評価もしてあげるとさらに効果的です。定性的な評価とは、質への評価のことで、部下自身が持つ特質のことです。

「君がいかにお客様を大事にしているかということがわかったよ」

「心を込めて接客していたね」

こうした定性的な評価は、目に見えないぶん、定量的な評価よりもうれしいものです。「やっぱり、自分はお客様を大切にできているんだ」と自己を肯定的に解釈することになりますし、上司が褒めてくれるということは、自分にとって強みなのではないかとも思える。新たな自分を知ることができるわけで、自己肯定からさらに進んで、新たな自分を発見することもできます。目に見えないところまで認められると、存在欲求、承認欲求も満たされます。

ここまでのステップを実践し、継続できたら、部下に内発的動機付けが生まれていることでしょう。しかし、さらに定着させるため、次の目標に対しての動機付けを行っていきます。チャレンジさせた高めの目標が、話し合いのうえで設定したものだとしたら、次は部下自身に目標設定をさせるのです。

「今回はうまくいったけれど、ちょっと様子見たいな」と、部下が自分で低めの目標設定をしたら動機付けにはなりません。自ら、再び挑戦となる目標設定をさせるために、「成長著しい○○さんは、次はどんな目標を設定するんだい？」といったふうに、問いかけるのです。

ここでも、問いかけです。高い目標を設定し、クリアする喜びを知り、さらに上を目指す。この繰り返しにより、常に今よりも高いところを目指して自ら動機付けられて動くようになる。目標設定はとても大事なのです。

スモールステップ法でご褒美をこまめに

目標設定の期間をどう設定するのかにも、コツがあります。年間を通じた目標が一般的だった頃と比べると、今では半期、四半期、１か月など、短期的に設定されるようになりましたが、それでも、会社が掲げる目標は大きく、期間も長かったりします。

目標が大きければ大きいほど、現状との乖離がありますから、動機付けには悪くありません。しかし、半期・四半期の大きな目標だけとなると、達成感はひとつだけです。その目標が達成できなかったら、達成感を得ることはできません。

どうするのかと言うと、目標が大きいときには、目標を小分けするのです。「スモールステップ法」と言いますが、大きな目標に対して小さな目標を数多く設定していくのです。数多く設定すればそれを達成するたびに、ドーパミンが分泌し、よろこびを感じることができます。「できた」という経験を数多く繰り返していけば、もし、最後の目標がクリアできなかったとしても、「できた」という感覚は残り、自己効力感を得られます。

自己効力感さえ得られれば、大きな目標が達成できなくても、「次は、頑張ろう」と思える。しかし、目標がひとつで、それが達成できなければ失敗体験しか残りません。できなかった自分は、「次もできないかもしれない」と、自己効力感が下がってしまいます。

挑戦的な高い目標を設定すればいいというものではなく、目標を数多く設定して、小さな成功体験を繰り返すのです。

このスモールステップ法というのは、目標設定だけでなく、自信のない人やストレス耐性の低い人へのマネジメントにも応用できます。ストレス耐性の低い人は、途中、壁にぶちあたると不安を感じやすく、そこで立ち往生してしまうことがあります。そんな人のために、目標ではなくフィードバックの回数を多くするのです。すると、心理的に持ちこたえられることができます。

ステップ8　フィードバックする

部下を動機付けるための8ステップ。最後は「フィードバッグ」です。現在、フィードバックの重要性は指摘されていて、「1 on 1ミーティング」と呼ばれ、外資系企業などでは当たり前に行われています。

ここでは人材育成のスペシャリスト中原淳氏による『フィードバック入門』（PHP研究所刊）を参考にさせていただきつつ、私の見解も加えてご説明します。

適切なフィードバックをするためには、普段から上司は部下の行動を観察している必要があります。行動を観察し、「仕事の進捗確認」「問題把握と共有」「目標達成サポート」の流れでフィードバッグを行っていきます。

まずは、仕事の進捗確認です。上司から見たら、今、部下がうまくいっているのかどうかわかりません。「プロジェクトの進捗はどう?」「もう少し、くわしく教えてくれる?」といったふうに問いかけをします。部下に語らせるオープンクエスチョンで問いかけ、耳を傾けるのです。

順調であれば、「よかったね」とフィードバックし、見守ってあげる。

うまくいっていないようであれば、問題を把握し、上司と部下の間で情報を共有する必要があります。このとき、気をつけるべきは、事実と行動に焦点をあてるということです。

上司が言いがちなのが、「このままだとヤバいんじゃないの」といった言葉です。しかし、これは上司の主観です。部下は、「大丈夫です!」「心配しないでください」と言って壁を作ってしまうかもしれませんし、あるいは、「なんだよ」と反発してしまうかもしれません。

主観を押しつけるのではなく、「週1回の定例会議の開催ができていないようだね」「予定より1週間遅れているよ」といったように、事実に焦点をあてる。

あるいは部下の行動に対して指摘します。「1日8件の訪問が目標だったけど、日報を見ると訪問できていないみたいだね」といった具合です。

人は主観を言われると、決めつけられたような不快な感覚を抱きますし、違うことが一つでもあると、「そうじゃないんです」と否定をしてくる。言い訳を与え、問題解決から遠ざかってしまうことになります。

必要なのは、現状と目標のギャップを明らかにすることです。スケジュールが1週間遅れているようであれば、そのギャップに気付いてもらい、上司と共有する。そして、そのギャップを埋めていくのです。

人間は表面的な問題しか言わないものですが、本質的な問題に気付きを与えるような問いかけもしてあげるといいでしょう。

週1回の定例会議の開催ができていないとき、「みんな、忙しくて」「○○部の××さんが時間をくれなくて」など、人や環境の問題点を口にするかもしれません。しかし、それは本質的な問題ではありません。

実は、部下が定例会議をセッティングするとき、メンバーの都合も聞かずに開催日を決めてしまっていた。そこには、(部下の)会議の日程を早く決めなければならない、という焦りがあったのかもしれません。こうした本質に目を向けてもらうために、本人が言っていることを鵜呑みにするのではなく、話をしっかり聞いていきながら、実は自分のやり方に問題があったと気付いてもらうのです。

問題があり、それを解決していくときには、「どうすればいいと思う？」といった言葉で、解決策を問いかけるといいでしょう。また、うまくいっていないとき、失敗するのではないかと不安や恐怖心を抱いていることがあります。そういうときは、責任分散をしてあげるのです。

「最後まで、一人でできるね」と言うと萎縮してしまうので、「私たちは、この難局をどのように乗り越えることができるかな？」というふうに、一人ではなく上司もチームも一緒なんだと、言葉だけでも責任を分かち合ってあげる。すると、本人は気持ちが楽になります。気持ちが楽になると、仕事と向き合えるようになる。

また、経験が豊富ではない部下は見方が一面的なこともありますから、「こんなふうな視点から考えてみたらどう？」とか、考え方を再構成することも有効です。また、ヒントが隠れているような前例などを提示するなどして、情報提供してあげるのです。

目標達成のためのサポートをし、フィードバックによって、支えたり、軌道修正してあげながら、達成するところまでサポートをする。こうしたフィードバックも、部下のモチベーションを上げるのにとても役に立ちます。

多くの上司は「フィードバック？　していますよ」と言うのですが、半年に1回では少なすぎます。フィードバックは「今すぐ」がポイントになります。年に1回など、定期的に行うフィードバックは、それはそれで意味がありますが、「その場でのフィードバック（リアルタイムフィードバック）」も心がけてください。

観察による、小さな気付きも、部下に伝えていくのです。例えば、コミュニケーションが苦手だった部下が、別の部署の人と笑顔で打ち合わせをしてたら、「今の良かったな」と言ってあげる。部下は、そんな些細なことでも、いえ、些細なことだから、うれしく感じるはずです。

それを半年後に「そういえば、あのとき、よかったよ」と言われても、うれしいどころか、なんのことだかわかりません。

また、いつもよりスケジュールが遅れているといった事実があったとき、何かおかしいなと気付いたときも、今すぐフィードバックすることが大切です。最終的に部下が自分で結果を出したと思えるようにサポートしていきます。

アメリカのグーグル社は、2012年から約4年もの年月をかけて、労働改革プロジェクトを実施しました。その結果として発表されたのが、「チームを成功へと導くには心理的安全性が最も重要である」ということでした。目に見える定量的な対策ではなく、安心して働ける雰囲気こそが大切だということです。

日本では「働き方改革」が声高に叫ばれ、過重労働の抑制や同一賃金同一労働などの政策が打ち出されています。しかし、これらはすべて目に見える定量的な対策です。しかし、グーグル社は「目に見えないものが大切だ」と言っているのです。

定量的なものも確かに大切で、客観的であり、わかりやすいのですが、実は定性的なものの中に、私たちを動機付けるものがあるわけです。

安心感・安全感があるところで、私たちはチャレンジすることができ、パフォーマンスを発揮することができる。それがチームを成功に導くことができるのであれば、パワハラをしないという意識だけでは足りないということです。

パワーハラスメントは自尊心を傷つけます。一方、部下を動機付けるというのは自尊心を満足させます。動機付けの方向からアプローチしたほうが、パワハラはなくなるし、パワハラ未満の不快行為をなくすこともできる。そして、本来の目標である、成果を上げるというところにもつながる。

上司の目標は、パワハラをしないことではなく、成果を上げることにあります。であるならば、パワハラをしないというところだけでは足りません。働きやすい雰囲気、みんなが安全だと心から思える職場を作っていくことが、上司の仕事なのです。

7章

パワハラに対処する3つのステップ

ここまで読んでこられた読者の方は、「パワーハラスメント」という実態のないものの正体が見えてきたのではないでしょうか。そして、部下を動機付ける方法も知ったあなたは、もはやパワハラの行為者となることはないはずです。

そんなあなたにはぜひ、会社の中でパワハラの声があがったとき、かつての部下や後輩の変化に気付いたとき、相談相手となり、パワハラ問題を解決へと導く人になっていただきたいと思っています。

ある日突然、会社の中でパワハラ問題が顕在化するのは、職場内における問題解決機能が失われている証左でもあります。安心できる職場環境のためには、「まず、相談できる人」の存在は大きいものです。

次の3つの基本ステップで、話を聞いてあげてください。

ステップ1　抽象化への対処

「パワハラで困っています」——かつての部下や後輩から相談を受けたとき、なにより大切なのは受容的な態度です。相談者を尊重し、安心して話せる雰囲気を作ってあげましょう。

あなたにも立場があるでしょう。しかし、「部長のことだと、俺だって聞いちゃうとヤバいよ〜」「俺に相談したって言うなよ」といった態度は最悪です。

また、まだ何もわかっていない段階で「そんなひどいことがあったのか！」とか、逆に「そんなのパワハラじゃない！」などと判断してはいけません。相手の話を丁寧に聞き、受け止めてあげるのが、ファーストステップです。

ステップ２　具体化への展開

次に、具体的な話へと展開していきます。パワハラという抽象化された問題を、個別具体的な問題に分解し、何が問題なのかを明らかにしていくのです。

「どのような行為がパワハラだと感じたか詳しく聞かせてもらえる？」

こんな風に声をかけながら、５Ｗ１Ｈ——いつ、どこで、誰が、何を、なぜ、どのように行ったのかを確認していきます。その話の中で、「『企画のセンスがない！』と、みんなの前で罵倒される」というのであれば、指導が適切でないということですから、これは

「マネジメント問題」です。「連日、サービス残業を強いられる」のであれば、労働問題。こうして、問題をひとつひとつ、個別具体的なものに分解していくのです。

ステップ3 クロージング

問題が明確になれば、対処することができます。解決するということは、パワハラで悩んでいる人の悩みが解消されることです。必ずしも、パワハラかどうかを認定することではありません。

話を聞いてあげて、抱えている問題を整理してあげ、受け入れてあげる。一人で抱えていた苦しみや悲しみといった感情を言葉にして表現すると、気持ちがスッキリします。心理学用語では「カタルシス効果」といいますが、部長からいろいろ言われて自尊心が傷ついているけれど、かつての上司が自分と向きあって真剣に聞いてくれたとなれば、自尊心の回復につながります。こうした情緒的な支援をしてあげることで、「いろいろ話ができて、気にならなくなりました」と、ここで解決してしまうこともよくあります。

一方で、サービス残業を強いられるといったことは労働問題ですので、「人事や組合に相談したほうがいいんじゃないか？」など、具体的な助言や情報提供、指導が必要な場合もあります。

大切なことは、相談者の安心感、納得感を高めることです。本人がスッキリして「もう、大丈夫です！」となれたなら、それでいいわけです。「問題を公にして、部長に処罰を！」などと、正義感を振りかざし、ことを荒立てる必要はありません。気持ち的に楽になりたいのか、問題のある現状を抜本的に変えたいのか、それは本人の問題です。あくまで、できることがあれば、サポートしてあげるという態度を貫きましょう。

和解に向けた話し合い

すでにお話したように、現在はまだパワハラを直接規制する法律はなく、裁判というかたちで司法に展開するケースが増加しています。しかし、裁判で一応の決着をつけても、どちらかには必ずしこりが残ります。納得できない感情が生じているならば、その感情の処理をしなくてはいけないわけで、その方法は両者の話し合いしかないのです。

ただし、当事者同士は感情的になって冷静に話し合えない可能性があるので、第三者が中立的な立場で、互いの言い分を聞き、理性的な判断をしてあげる必要があります。そして、お互いにうまくいくあり方を探すのです。どちらが正しいかを決めるのではありません。100%納得することはできなくても、少しずつ互いの気持ちがほぐれて、和解できるようにもっていくことが大切です。

和解に向けた話し合いの「仲介者」という立場に立ったときには、ニュートラルな立場を維持することが重要です。そして、被害者・行為者、双方の話の「事実」「意見」「感情」を丁寧に区分けしながら聞きとっていきます。感情的になっていると、この「事実」「意見」「感情」が混同しがちなのですが、この3点は、対応が異なりますから、しっかり整理していく必要があります。

「事実」についての語りには、確認が必要です。事実は曖昧であってはいけません。殴られたと言ったら、いつ、どこで、どんなふうに殴られたのかを確認する。

意見であればまずは尊重して、耳を傾けます。意見を尊重し、そこに判断は下しません。「Aさんの意見は伺いました」「Bさんのご意見は？」と、話し合いを進めていきます。

そして、「感情」には共感で手当をしていきます。「納得できません！」という感情があるのであれば、その気持ちを受け止め、共感によって昇華することができます。
他にも被害者側から、「こうしてほしかった」という要望や要求が出てきたら、それに対して、相手がどこまで応えることができるのか、その間を取り持ち、検討を促します。

仲介者　「Aさんは〇〇を望んでいますがどうでしょうか？　Bさんはどこまで対応可能でしょうか？」
Bさん　「私の今の状況では、ここまではできる」
仲介者　「Bさんは、ここまではできるそうですよ」
Aさん　「じゃあ、そこまでやってもらえるのであれば、ここは将来的に考えていただければいいです」

こうしたやりとりを繰り返していきます。
お互い、完全に納得することはできないかもしれない。けれど、互いに言いたいことが言えて、よりよくしていくための話し合いができることが大事なのです。

事実は確認をし、意見は尊重し、感情には共感する。それぞれに適切な手当をしていくと、行き過ぎてしまったことに対して、「申し訳なかった」という気持ちがでやすくなるのです。

ビジネスはとかく白黒をスピーディに決めることがよしとされますが、曖昧な決着がいいときもあるのです。どちらが悪い、どちらが正しいではなく、「互いに行き過ぎたところもあり、これからはコミュニケーションをとってやっていきましょう」となるのがベストです。

曖昧さに耐えることができたときに初めて、「決着はつけない」という決着にたどり着けます。こと、パワーハラスメント問題に関しては決着をつけようとすると感情的なしこりが残り、結果、話はこじれて裁判となり、誰もが望まない終わり方になってしまいます。

こうした仲介者役を、私たちカウンセラーが行うこともあります。しかし、私の立場で言うのもおかしな話ですが、専門家が第三者として入っても、専門家が専門的知識、スキルを使って仕事をしたに過ぎません。組織の中で何か問題が起こるたびに、カウンセラーに任せていていたら、カウンセラーにしか問題が解決できないことになります。

パワハラが組織のひずみの表出であるならば、社員一人ひとりがこのことを自分の事として考えるべきです。自分たちの問題を自分たちが向き合って話し合っていくということのほうがよほど大事です。

和解に向けての話し合いの仲介は、一般の従業員でもできることです。専門家が必要なときは頼るべきだと思いますが、いつも、専門的なスキルに頼るのではなく、こうした話し合いが組織の中で当たり前のように行われるのが、あるべき姿ではないでしょうか。

自分たちが自分たちの問題に対して、しっかり向き合い解決できれば、それは自信になります。職場の問題だから職場内で解決していこうという自助努力は忘れてはいけません。

例えば、役職定年をした経験豊富な社員などにこうした仲介役となるメンターの役割を与えるという方法もあるでしょう。他にも組織にはさまざまな人材がいるわけですから、組織の中で解決できる人材を育てていくことも大事だと思います。

再発防止のために

今はとにかく、早期解決を求めがちです。しかし、人と人の感情の問題は、スピード決着というわけにはいきません。自分の話した量が多ければ多いほど納得性はあがりますし、一方、何も聞いてもらえなければ、何も納得することはできません。パワハラ和解の話し合いは1回で済むこともありますが、とにかく急がないことです。

お互いの中に消化しきれない思いが残っているのであれば、少し時間を置いて場を設ける。間を空けることで、冷静になり、「前回は強く主張しすぎました。一部、撤回をさせてくれませんか」といったこともできます。

何回で終わらせるといったスケジュールを設定すると、話し合いの進め方が強引になります。感情は出しきると落ち着きますし、抑圧すると噴出します。根深いように思えた感情だって、変わることだってあります。効率性を重視せず、とにかく、お互いが納得するまで制限しないでやっていくことが重要です。

話し合いなどの経過を経て、パワハラの事実が明らかになったとき。行為者だけを罰するというのは極めて乱暴な話です。行為者には処罰だけでなく教育の機会を。そして、同時に職場環境の改善へと着手しましょう。

私自身、このパワハラの行為者に対する「パワハラ行為再発防止プログラム」のセッションを依頼されることが多くなりました。

パワハラの行為者の中には、懲戒処分を受けて「してはいけないことをしてしまった」とは理解したものの、納得できないものを抱えている人が少なくありません。そんな状態で処分があけ、いきなり職場へと復帰したとしても、何も変わらないか、あるいは、むしろ萎縮してしまい、上司として行使すべきパワーも出せなくなったりします。

「次にやったら、もっと重い処分だ」というプレッシャーもあり、懲戒処分は特にパワーを封印する方向に働きます。罰することを目的にするのではなく、その人がその人の持っている強みを活かして、組織に貢献して、個人としても成長していくことが大切なのですが、処分で終わってしまう組織が少なくありません。罰することで終わらせてしまうと、組織はよりよい方向にいきません。

そもそも、上司という立場になったということは、パワーを使い、何かしらの結果を出してきたということです。活かすべきパワーを活かし、間違った出力に関して改めるようにすれば、その人の自尊心を傷つけませんし、有能感も傷つけません。

やってしまったことは重大であり、職務規程上、処分はあったとしても、パワハラというものを分解して考え、「あなたの強みは失わないでくださいね」と言い添えるべきです。

「パワハラ行為再発防止プログラム」は、本書で解説してきたような、パワハラとは何なのか？　といったレクチャーから、コミュニケーションや部下を動機付けるマネジメントのテクニックまでを行い、カウンセリングを通じて行為者の自尊心の回復を図っていきます。パワハラに至ってしまう人は、エネルギッシュな人が少なくありません。そんな彼らの強みは残しながら、ハラスメントを制御する術を得てもらうのです。

そして、職場環境全体の改善にも務めていく必要があります。組織としてハラスメント防止体制を構築していくのです。そもそも、環境にまったく問題がなかったならば、パワハラは起きにくいものです。行為者の処分に至るほどのパワハラが生じたのなら、何かしら環境に問題があったのではないかと考えるべきです。

まずは、組織のストレス状態を可視化していくことです。ストレスチェックを行い、個人にその結果を伝えるだけでなく、部門毎のストレス状態を把握する集団分析を活用する。それにより、人間関係の問題や、処遇への不満など、その部門に内在している問題を浮かび上がらせることができます。

カウンセラーやコンサルタントなどの外部の人間に会社内を巡回してもらい、内部の人間では気付かない違和感を見つけてもらうという方法もひとつですし、社内アンケートなどを実施して、隠れているかもしれないハラスメントをあぶり出すというやり方もあります。

もちろん、経営トップから、「ハラスメントは許さない」という強いメッセージを出すことも重要です。社内の相談担当者や全社的な研修などを行い、ハラスメントに対応する全社体制を作って、組織の弱い部分に、ひとつひとつ手当てしていくのです。

個人に問題が生じると環境にも問題が起こる。環境に問題があれば、個人に問題が生じるというのは、すでにお話したとおりです。個人と環境をひとつのセットとして、再発防止のアプローチをしていきましょう。

あとがき

私は旅行会社に約10年間勤務し、その後、スポーツクラブの運営会社に転職。主に商品企画の仕事に携わり、フィジカルに関連したサポートをしてきました。スポーツクラブに通ってくる会員さんの多くは、明るくて健康的です。自分自身で設定した目標に向かって自発的に行動する強いメンタルを持つ方がほとんどでした。

しかし、ある時、職場や友人関係などで、メンタルに不調を訴える人がたくさん出てきたことに気付いたのです。うつ病と診断され休職して、そのまま退職してしまう人もいる。自分の周りだけでなく、どうやらストレスが社会問題化している。周囲の困っている人をほっておいていいの？　助けることはできないのだろうか？　そんな思いから、独学で心理学の勉強を始めました。

旅行会社やスポーツクラブなどのサービス業を職業として選んできたのは、笑顔の人を増やしたいという思いからでしたが、そもそも笑うことを忘れてしまった人がいる。元気な人をより元気にするよりも、困っている人をサポートするほうが自分に向いているのではないか。そんな思いを抱くようにもなっていました。

そんな折、娘が病気になり、大きな手術が必要になりました。会社では役職に就いていて、とにかく毎日が忙しい。そこに、娘の病気のことが加わったのです。仕事も中途半端になり、娘に対しても十分なことができていない。私自身が、心配と不安、苛立ち、自己嫌悪でどうにもならなくなってしまったのです。

元来、私は人に甘えたり、頼ることが苦手で、それまでは何か問題があってもなんとか自分で解決してきました。だから、追いつめられたこのときも、「助けて！」の声の上げ方がわからなかった。自力では解決できない問題を抱えてしまったのです。

にっちもさっちもいかなくなっていた私を救ってくれたのは、娘の病院の先生たちでした。娘に対し献身的に治療や看護をしてくれたばかりか、私が見舞いにいくたびに、「お忙しいのに、いつも、大変ですね」「お父さんも、頑張ってますね」と声をかけてくれたのです。

子どもが痛みと不安に耐えて頑張っているとき、親が頑張るのは当然だと思っていました。つらい気持ちをわかってもらいたいと思っていたわけではありません。でも、私自身が抱えたつらさに寄り添ってくれる、先生たちの何気ない言葉が支えとなったのです。最終的に娘の手術も無事に成功し、娘ばかりか親の私も助けてもらったのです。

自分で自分を救うことはできなかった。しかし、人に救われた。この経験から、誰かの助けというのは、これほどまでに大きいものだと実感しました。そして、心のケアがいかに重要なのかに気付いたのです。

メンタルの不調を抱える人やうつ病になってしまった人も、誰かの助けが必要なはず。他者に救われた体験を通じて、今度は自分が人を救う番だと思うようになりました。そして、心の健康の大切さを多くの人に伝え、相談にのることをライフワークにしようと、40歳を前にキャリアチェンジを決意。ＥＡＰ（Employee Assistance Program：従業員支援プログラム）業界へ入ったのが、私の産業カウンセラーとしてのはじまりです。

そして、２０１１年に独立。社名である「メンタルプラス」には、「心をプラスにマネジメントする。心は考え方から生まれるので、考え方をプラスにし、心の状態をよりよくしていきましょう」という思いが込められています。

以来、さまざま企業でカウンセラーをしてきましたが、ずっと変わらずにこだわってきたのが、現場の声に耳を傾けるということです。専門資格をとり、文献を読むなどして研究すれば、それなりの知識を得られます。

しかし、依然として、社会はものすごいスピードで変化しています。変化に揺らぐ組織の中で、人がどういう思いで働いているのかは、直接、話を聞かないとわかりません。自分が何をしていくべきかを確認するために、現場主義を貫いてきました。

結果、1対1のカウンセリングだけでなく、セミナーや講演会なども含め、10年間でおよそ10万人を支援してきたことになります。10万人もの人の声を聞き、寄り添ってきた中で得た知見が、本書につながりました。

ここまで読んでくださった方は、なんだか、よくわからなかったパワハラの実態というものが浮き彫りになってきたのではないでしょうか。しかし、どうか、そこで終わりにしないでください。

人は理解するだけで満足し、そこで終わってしまうことが多いものです。そうではなく、次の行動を起こしていただきたいのです。自分自身を変え、部下との関係性を変え、部下が自ら やる気を起こさせる上司を目指してください。

本書ではストレスコントロールのほか、部下を動機付けるためのコミュニケーションの方法、マネジメントスキルをご紹介しました。しかし、すべてを行う必要はありません。なかには、やりたくないものもあれば、できないこともあるでしょう。でも、例えば、10個の方法論があって、そのうち、3つできることがあったら試してみてください。そして、続けてみてください。きっと、部下との関係、組織の空気が変わっていくはずです。

最近、ＡＩ（人口知能）をめぐる議論が喧しくなっています。ＡＩ技術の普及が、私たちの生活をさらに便利に効率的にしてくれることは間違いないでしょう。しかし、一方で、働き方を激変させる、あるいは働く場所を奪う脅威でもあります。

ＡＩは、決められた法則に則って、合理的かつブレることなく安定的に事実のみで判断します。しかも、残業もし放題で疲れ知らず。そんなＡＩの正しさに、人間の経験による判断が勝てるはずがありません。上司の経験による判断が不要となり、権限がＡＩに移る。上司という存在自体が不要になる……そう思うかもしれませんがそんなことはありません。どんなにテクノロジーが進化しようと、ＡＩには絶対にできないことがあります。

それは、「感情を理解する」ということです。

人は間違いますし、判断がブレるかもしれない。しかし、人の気持ちや体調を理解することができる。一人ひとりの個性や事情に寄り添った対応は、人間にしかできないのです。ＡＩは常に正しい存在です。しかし、本書で何度となく言ってきたように、人間関係に正しさはいりません。対人関係は相手を正しく論理的に理解するより、気持ちを理解するほうが重要です。たとえ、知識の面で劣っていたとしても、人の気持ちを理解できて、人に共感することができ、仲間とうまくやっていける人はやはり生き残る。

逆に言えば、事実でしか動けない人間は、ＡＩにとって変わられるということです。

どうか、感情を理解できる、気持ちに寄り添うことのできる上司を目指してください。職場に敵はいません。いるのは仲間だけです。あなたと、あなたのもとで一緒に働く仲間の気持ちがプラスに向きますように。本書がその一助になったなら、これ以上ない幸せです。

和田　隆

【引用・参考文献】

厚生労働省「職場のパワーハラスメント防止対策についての検討会報告書」(２０１８年)
厚生労働省「脳・心臓疾患と精神障害の労災補償状況」(２０１８年)
厚生労働省自殺対策推進室「平成29年中における自殺の状況」(２０１８年)
警察庁「犯罪情勢」(２０１８年)
総務省「社会生活基本調査」(２０１７年)
国立精神・神経医療研究センター「プレスリリース」(２０１３年)
中原淳『フィードバック入門』(ＰＨＰビジネス新書　２０１７年)
金子雅臣『職場でできるパワハラ解決法』(日本評論社　２０１１年)
岡田康子(編著)『上司と部下の深いみぞ』(紀伊國屋書店　２００４年)
ジャド・モーリス『動機づけの技術』(産業能率短期大学出版部　１９７６年)
岡田尊司『人を動かす対話術』(ＰＨＰ新書　２０１６年)
杉原保史『プロのカウンセラーの共感の技術』(創元社　２０１５年)
平木典子『アサーション・トレーニング』(日本・精神技術研究所、金子書房　２０１４年)

和田　隆 わだ　たかし

メンタルプラス株式会社代表取締役
ウェルリンク株式会社シニアコンサルタント
大学卒業後、旅行会社、スポーツクラブ運営会社で主に商品企画業務に従事。その後、職場のストレスが社会問題化する中、心の健康を大切にする支援をライフワークとするため、メンタルヘルスケアに取り組む。現在、カウンセラー、コンサルタントをする傍ら、ハラスメント、メンタルヘルス、睡眠改善、コミュニケーション等をテーマに、民間企業、官公庁、教育機関等で、講演・指導を行っている。受講者は10万人を超える。ハラスメント防止コンサルタント、1級キャリアコンサルティング技能士、シニア産業カウンセラー。

パワハラをなくす教科書《きょうかしょ》

2018年9月14日　第1版第1刷発行

著　者　和田《わだ》　隆《たかし》
発行人　宮下研一
発行所　株式会社方丈社
〒101-0051
東京都千代田区神田神保町1-32　星野ビル2F
Tel.03-3518-2272／Fax.03-3518-2273
http://www.hojosha.co.jp/
編集協力　鈴木靖子
装丁デザイン　ランドフィッシュ
印刷所　中央精版印刷株式会社

ISBN978-4-908925-36-8